어린이교육의 기본 바로 알기 시리즈 ②

자유선택활동 바로 알기

이경미 · 박미경 · 함혜정

대한어린이교육협회 창지사

머리말

아이들이 신나게 노는 모습을 머릿속에 그려보면 어떤 장면이 떠오르나요? 여러 가지 블록으로 주차장을 만들고 환호하는 모습, 친구들과 어울려 엄마, 아빠 역할을 맡아 극 놀이하는 모습, 춤추며 노래하는 모습 등 여러 장면이 떠오를 것입니다. 아이들에게 놀이란 무엇일까요? 아이들에게 있어서 놀이란 기대하게 하고, 자발적으로 참여하게 하는 신나고 즐거운 활동입니다. 또한 놀이를 통해서 아이들은 자연스러운 방법으로 자신과 주변 환경을 탐색하며 적응해 나가고 세상과 소통하며 이해하게 되고 여러 가지를 배우고 익히게 됩니다.

이처럼 아이들의 놀이는 전인 발달을 이루고 교육적인 의의를 지닙니다. 그래서 유아교육에서는 놀이 중심 교육이 중요한 원리로 여겨지고 매우 자연스럽고 당연하게 받아들여져 왔습니다. 교육적 의도를 포함한 놀이 경험은 아이들에게 발달적으로 적합한 교육의 기회를 제공해 주며 자기 동기화된 학습자가 되도록 격려한다고 믿어 왔으며 대부분의 교육기관에서는 놀이 중심의 유아교육을 실행할 수 있는 중요한 시간으로 자유선택활동 시간을 운영하고 있습니다.

이 책에서는 유아교육기관에서 아이들이 주도하는 놀이 시간으로 아동 중심, 놀이 중심 교육을 실천하는 핵심 활동인 자유선택활동 시간을 충실히 운영하기 위해서 무엇을 어떻게 해야 할지에 대한 고민을 나누어 보려합니다. 최근 일부 유아교육기관에서는 자유선택활동을 아이들에게 마음대로 놀게 하는 자유방임의 시간으로 운영하거나, 교사가 일과 활동을 준비하는 시간으로 운영하기도 합니다. 심지어 과도한 원아모집 경쟁과 조기 특기교육 열풍으로 인해 일과 중 각종 특별활동을 실시하고 있어 자유선택활동 시간을 운영하지 않기도 합니다. 자유선택활동이 운영되더라도 교사가 놀이의 범위와 정도를 이미 정해 놓거나 자유선택활동 시간 내 교사가 계획한 소집단 활동으로 인해 아이들이 자유롭게 선택하여 활동하는 시간이라고 보기 힘들기도 합니다. 교사들 또한 자유선택활동의 가치나 필요성에 대하여 인식은 하고 있으나, 아이들이 놀이할 때 상황을 이해하지 못하거나 상호작용에 대한 자신감이 부족하여 소극적으로 참여하기도 합니다.

이 책의 저자들은 자유선택활동 시간이 교사나 아이들에게 가장 분주하고 핵심이 되는 시간이 될 수 있도록 아이들에게 주도권을 주면서 아이들의 흥미와 요구를 반영하여 보다 충실한 자유선택활동 시간이 되기 위한 방법을 찾아보고자 했습니다. 자유선택활동의 개념과 교육적 의의를 탐색해 보았고 현장 실태를 토대로 교사가 자유선택활동을 준비, 운영, 평가할 때 염두에 두어야 하는 내용을 짚어 보았습니다. 특히 자유선택활동 시 운영되는 여러 영역 중 교사의 개입 빈도가 상대적으로 적고 교사들이 운영하기 어려워하는 역할놀이 영역과 과학 · 음률 영역의 운영을 실제 중심으로 소개하였습니다.

이 책을 통해 자유선택활동 시간 운영과 관련하여 우리가 고민한 모든 점들을 해결할 수는 없겠지만 우리가 알고 있었던 놀이를 다시 한번 중요하게 여기고 놀이의 교육적 가치가 유아교육현장에서 실제로 충분히 반영되는 데 도움이 되면 좋겠습니다. 그래서 아이들은 즐겁게 놀면서 세상에 대해 배워나가고 교사는 놀이의 본질을 방해하지 않고 교육적 놀이를 격려할 수 있기를 기대해 봅니다.

2011년 10월
저자 일동

자유선택 활동 바로 알기

차 례

I. 자유선택활동 충실하게 운영하기

최근 유아교육에서는 '기본에 충실하기' 가 중요 이슈가 되었다. 유아교육기관에서의 자유선택활동은 유아가 주도하는 놀이 시간으로 아동 중심 교육을 실천하는 핵심 활동이기도 하다. 과연 유아교육현장에서는 유아들에게 주도권을 주면서 효율적으로 자유선택활동 시간을 운영하고 있는 것일까? 교사의 예리한 관찰력과 민첩성, 순발력이 요구되는 시간인데, 미흡한 점은 없는 것일까? 자유선택활동 시간을 여러 측면에서 함께 검토, 반성해 보면서 교사로서의 역량도 키우고 보다 충실하게 유아들의 흥미와 요구를 반영한 자유선택활동 시간이 되기 위한 방법을 함께 모색해 보고자 한다.

1. 자유선택활동 시간의 교육적 의의

자유선택활동이란 용어는 자유놀이(free play)라는 용어에서 비롯된 것으로 유아교육기관에 따라 자유선택활동, 자유놀이, 작업 등으로 다양하게 불리고 있다(이숙재, 2004). 일반적으로 자유선택활동은 유아가 개별적인 흥미, 요구 및 발달 수준에 따라 유아 개인의 학습 내용과 속도를 조절하여 스스로 놀이를 선택하여 활동하는 것을 의미한다(양옥승, 2004; 이숙재, 2004). '자유선택활동' 이라는 용어에서 나타나듯 이 시간은 대그룹 활동과는 구별되어 유아가 주도적으로 활동을 이끌어 즐길 수 있는 자기 교수의 기회를 부여해 주어야 한다(양옥승, 2004). 즉, 자유선택활동은 유아가 주어진 환경에서 선택의 기회를 가지고 놀이 중심의 유아교육을 실행할 수 있는 중요한 시간이 되는 것이다. 따라서 유아가 스스로 활동을 선택하고 교사는 유아의 결정 능력을 존중하고 유아 스스로 선택한 활동을 끝까지 완성하도록 안내하는 것이며 주어진 환경에서 무엇을 하는가는 개개인 유아가 결정하게 된다(이영자 · 이기숙 · 이정욱, 1999).

1980년대 이전의 자유선택활동은 유아들에게 마음대로 놀게 하는 자유방임의 시간으로 인식되거나 교사가 일과 활동을 준비하는 시간으로 잘못 운영하는 경우가 많았다고 한다(양옥승, 2004). 그러나 1980년대 유아교육학이 하나의 탐구 영역으로 발전하면서 자유선택활동 시간이 유아교육기관의 일과 중에서 교사나 유아에게 가장 분주하고 핵심이 되는 시간으로 교사의 철저한 계획과 준비, 예리한 관찰력과 민첩성, 순발력이 요구되는 시간으로 인식되기 시작하였다. 그리하여 일과 중 1/3~1/4 정도의 시간을 차지하여 가장 큰 비중 있는 중요한 활동 시간이 되었다(이기숙, 2000).

대부분의 유아교육기관에서는 일과를 주로 자유놀이로 시작하는데, 영유아들로 하여금 즐거운 분위기 속에서 기쁨을 느끼게 하여 기관에 대한 긍정적인 생각을 가질 수 있도록 하기 위한 것이다. 이 시간 동안 유아들은 자신의 개별적인 요구, 흥미, 적성, 발달 수준 등에 따라서 자발적으로 그들 주위에 있는 놀잇감 및 자료들을 탐구하고 교사와 또래들과 활발한 상호작용을 하며 그들 스스로 선택하여 자유롭게 놀이를 한다. 따라서 이 시간은 효과적인 교수방법의 하나로서 유아의 놀이 특성이 가장 잘 드러날 수 있는 바람직한 학습 활동 시간이다(김수정, 2002).

자유선택활동 시간은 자발적이고 능동적인 학습이 이루어지는 시간, 개별 학습이 이루어지는 시간, 통합적 교육이 이루어지는 시간, 사회적 관계를 학습하는 시간, 자율감과 책임감을 학습하는 시간, 기쁨을 느끼는 시간으로서의 교육적 의의를 지닌다(김수영 · 김수임 · 김현아 · 정정희, 2007; 이숙재, 2004).

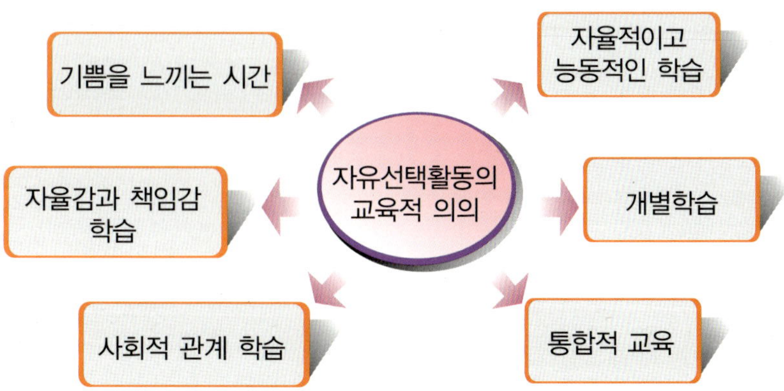

그러나 최근 유아교육 재개념주의자들에 의해 유아의 자유선택활동 시간이 과연 교육적 놀이의 장점을 포함하고 있는지, 유아에게 제대로 된 선택의 기회를 주고 있는 것인지 의문이 제기되고 있다. 표면적으로는 유아에게 선택의 기회를 주고 자신의 선택에 의한 놀이라고 하지만 결국은 교사의 계획에 의한 선택밖에 할 수 없고 그것은 결국 유아에게는 진정한 의미의 선택이 아니라는 것이다(나은숙, 2005; 양옥승, 2002).

실제 교육현장에서도 과도한 원아모집 경쟁으로 인해 유치원 내에서 실행되고 있는 과도한 특별 활동 운영이 심해지고 있다(박수진, 2001). 특히 이러한 특별 활동이 정규 일과 시간 이후의 선택 활동이 아니라 모든 유아가 해야 하는 필수 활동으로 바뀌어 가고 있고 극단적인 경우 유아교육기관이 유아가 놀이를 통한 학습을 하는 장소가 아니라 특별 활동을 제공하는 장소로 변질되어 가는 경우도 있다(홍순옥 · 허명순, 2007). 또한 유아 자신의 흥미나 요구가 반영되기보다는 부모에게 보여주기 위한 결과 중심의 학습이 받아들여지고 있어서 유아가 원치 않더라도 그 결과물을 내기 위한 활동들이 늘어나고 있다. 이 때문에 자유선택활동이 유아에게 개별적인 자유로운 선택의 기회를 주어야 함에도 불구하고 그렇게 되지 못하는 경우가 증가하고 있다.

이러한 주변의 여건을 고려할 때 기관을 운영하는 원장이나 원장을 따라야 하는 교사의 입장에서 어려움이 분명 존재하겠지만, 우리에게 맡겨진 귀한 유아들의 장래를 생각할 때, 유아 교육 · 보육을 전공한 사람으로서 우리가 알고 있는 자유선택활동 시간 운영의 기본에 충실히 다가가도록 노력하여야 할 것이다.

2. 자유선택활동 시간의 운영방안

1) 계획 수립–실행–평가

(1) 계획 수립

계획 수립은 준비된 환경을 위한 교사의 의도적인 계획과 유아가 자유선택활동 시간에 어떤 놀이를 하며 지낼 것인가를 스스로 선택하고 결정하는 두 가지를 생각해 볼 수 있다.

1 교사의 계획

① 흥미 영역을 각각 어디에, 어떻게 설치할지 계획한다. 흥미 영역별 공간 배치는 동일한 유치원 내에서도 교사에 따라 유아의 요구와 기본 원리를 고려하여 자율적으로 다르게 구성할 수 있다. 흥미 영역은 각 영역마다 교육적 가치가 다르고 모두 중요하지만 모든 영역을 한 번에 설치할 필요는 없다. 놀이 공간의 크기, 유아의 연령 또는 수, 학기 초·중·후반 등에 따라 다르게 배치할 수 있다. 예를 들어, 학기 초에는 언어, 역할놀이, 쌓기 놀이 영역을 포함하는 다섯 가지 영역 정도를 배치하고 유아가 기관생활에 적응하면 점차 영역 수를 늘려갈 수 있다. 또한 공간이 좁을 때는 유아의 연령과 발달에 적합한 영역을 고려하여 영역을 바꾸어 가며 제공할 수 있다.

흥미 영역 배치도

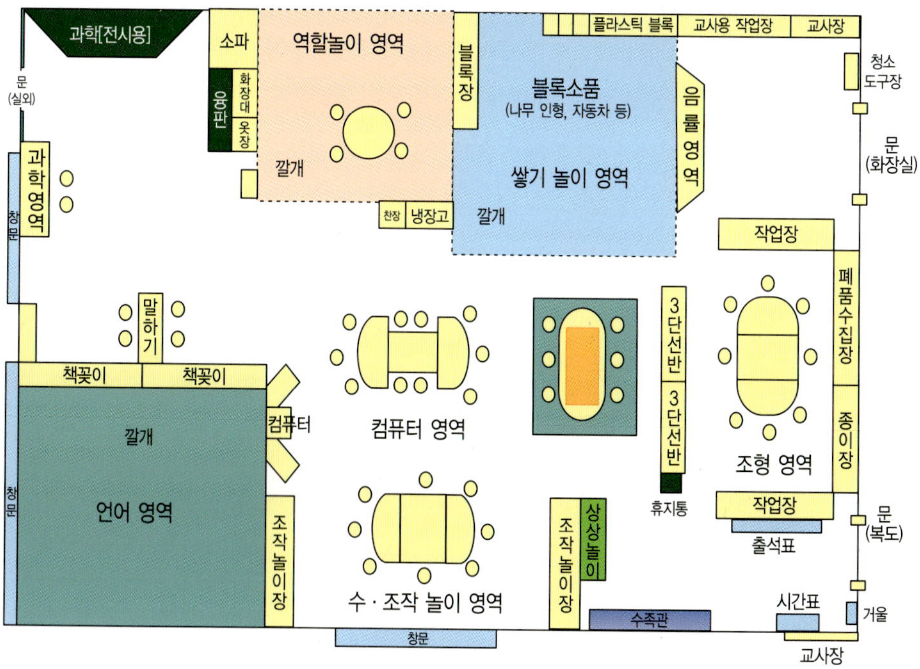

출처 : 엄정애(2009).

② 흥미 영역에 제시할 자료와 각 영역에서 활동할 놀이내용을 계획한다. 유아가 중심이 되어 활동이 진행될 수 있도록 준비한다. 이를 위해 유아의 흥미와 발달, 요구, 생활 주제 등에 따라 환경을 구성한다. 연령이 어린 영아에게는 다양한 놀잇감보다는 똑같은 놀잇감을 여러 개를 제공하는 것이 더 적합하며 처음에는 유아들에게 익숙한 교구를 제공하다가 점차 새로운 교구를 추가하여 제공하기도 한다. 유아의 다양한 수준, 흥미, 능력 등을 고려하여 동일한 연령이라 할지라도 다양한 수준의 교구를 준비함으로써 유아가 자신의 수준에 맞는 활동뿐만 아니라 혹은 한 단계 높은 수준의 활동도 경험해 볼 수 있도록 한다.

2 유아의 계획

흥미 영역으로 구성된 실내에서 유아들은 무슨 놀이를 할지 계획한다. 놀이계획은 유아가 자유선택활동 시간을 어떻게 보낼 것인가를 스스로 결정하는 것을 뜻한다. 놀이 계획의 경험은 유아의 의사결정 능력, 독립심, 책임감 등을 증진시킨다. 교사는 영유아가 스스로 계획한 실내 놀이를 표시해 볼 수 있는 다양한 방법을 제시해 주어 다양한 실내 놀이에 흥미를 가지고 체계적으로 계획할 수 있도록 도와주는 것도 한 가지 방법이다.

유아들이 자유선택활동에 관심을 가지고 자발적으로 참여할 수 있도록 각 흥미 영역의 이름, 자료의 종류, 놀이 방법 등을 소개하여 주고 유아들이 계획하도록 한다. 소개 및 계획의 방법은 연령별로 다르게 진행될 수 있다.

① 만 3세 : 교사가 놀이에 대해 개별적 안내를 하거나 대집단을 대상으로 간단히 소개하여 놀이 선택을 도울 수 있다. 유아가 등원하면 교사는 유아들을 각 흥미 영역으로 데리고 가서 준비된 놀이를 소개한다. 그리고 실내에 준비된 다양한 놀이를 소개한 후에 개별적으로 하고 싶은 놀이를 선택하게 한다.

② 만 4세 : 교사가 개별적 안내를 하거나 집단을 대상으로 놀이를 소개한다. 놀이의 계획에 대해 교사가 구두로 묻는다. 유아가 점차 친구들의 이름, 놀잇감과 흥미 영역의 명칭을 알게 되고 놀이 계획의 의미를 이해하게 되면 학급의 전체 유아를 대상으로 놀이 계획에 대해 이야기 나누고 개별적으로

계획한 놀이에 대해 묻기도 한다.

③ 만 5세 : 교사가 안내를 하기도 하지만 유아가 스스로 놀이를 계획한 후 개인별 놀이 계획 표시판을 사용하여 표시를 하기도 한다. 개인별 놀이 계획 표시판은 개별적, 소집단 또는 대집단으로 모여 놀이 계획을 한 뒤에 선택한 영역별 놀이 표시 카드를 자기 이름표 밑에 부착된 고리에 거는 등 다양한 방법으로 운영할 수 있다.

놀이 계획을 하게 되면 유아는 자신이 선택한 활동에 대해 시간을 분배하여 활동할 수 있고 계획은 하였으나 실행하지 못한 것에 대해 평가가 가능한 장점이 있다. 그러나 한 가지 놀이를 시작–변화–종결하기까지는 적어도 40분 정도의 시간이 소요되는데, 최근에는 자유선택활동을 짧게 하는 기관이 많으므로 두세 가지의 놀이를 계획하는 것이 부적합할 수 있다. 학자에 따라 계획해 보고 실천하는 능력을 함양하는 것은 다른 활동이나 다른 시간에도 실행이 가능하므로 놀이 계획을 하지 않아도 된다는 입장도 있다. 왜냐하면 계획한 대로 하려다 놀이에 몰입하지 못하거나 중간에 그만두는 경우도 있기 때문이다. 그러므로 교사는 프로그램의 특성이나 운영 시간, 교사의 교육 철학에 따라 적절한 방법으로 유아가 놀이를 계획하게 한다(이정환 · 김희진, 2007).

(2) 실행

실내 자유선택활동은 일반적으로 유아가 등원하면서 시작되기도 하지만 필요한 경우 융통성 있게 운영할 수 있다.

최근에는 일부 유아교육기관에서 특기교육을 자유선택활동 시간과 대체하거나 특기교육으로 인해 자유선택활동 시간을 줄이는 경향(이정환 · 김희진, 2007)이 있다고 한다. 실제로 유치원 30곳의 운영 계획서를 바탕으로 조사한 결과 집단 활동 시간의 길이는 길지만 자유선택활동 시간의 길이가 충분치 않음을 보고하는 연구가 있다. 자유선택활동을 시차제 등원을 포함해 60분 내외로 계획하거나 자유선택활동 시간에 이야기 나누기 주제를 조형 활동으로 표현하는 등의 집단 활동과 연계한 과제 형식의 활동을 진행하고 있는 것으로 나타났다(조경자 · 신혜진, 2010).

또한 일부 교사들은 아직도 자유선택활동 시간을 교사의 일과 활동 준비 시간이나 휴식 시간으로 오해하고 있거나(이정환 · 김희진, 2007), 유아들의 놀이 시 유아의 상황을 이해하지 못하거나 상호작용에 대한 자신감이 부족하다고 보고하고 있다. 심지어 자유선택활동 시간에 어떻게 개입해야 할지 몰라 개입을 하지 못하고 있다고 한다(지성애 · 정현주 · 이영선 · 박유영, 2007). 자유선택활동을 위해 준비, 제공하는 각 흥미 영역의 자료가 부족하고(박란규, 2005; 홍순옥, 1994), 어떤 자료를 제공해야 하는지 몰라서 자료가 자주 교체되지 않고 고정되어 있다고 어려움을 토로하고도 있었다(박찬옥 · 정남미, 1996; 박화윤 · 최재숙 · 마지순, 2002; 나은숙, 2005).

하지만 앞서 언급한 바와 같이 자유선택활동 시간은 유아 스스로 원하는 것을 찾아 활동하는 경험을 통하여 보다 효과적으로 유아의 학습과 발달이 이루어지는 시간이고 유아교육기관의 일과 중 교사가 가장 바쁜 시간이며 교사의 예리한 관찰력과 민첩성, 순발력 있는 행동들이 요구되는 시간이다. 그러므로 교사들은 자유선택활동 시간을 충실하게 운영하고 있는지 알아보기 위하여 다음 사항을 검토해 보아야 할 것이다.

① 충분한 자유선택활동 시간을 제공한다. 놀이 시간이 짧으면 유아가 이야기를 극화하자마자 멈추고 정리해야만 하는 일이 자주 있고 유아들이 수준 낮은 형태의 놀이를 하도록 조장할 수 있다. 또한 구성놀이도 그저 블록을 쌓아올리고는 넘어뜨리기만 하거나, 매우 단순한 구조물만 만들 수 있다(Johnson, Christie, & Wardle, 2005). 따라서 유아교육기관에서는 영유아가 등원하면서부터 대개 1시간~1시간 30분 정도 실내 자유놀이 시간을 배정하며 자유선택활동 시간은 유아교육기관의 전체 놀이 환경 중 많은 비중을 차지하는 중요한 시간으로 충분한 시간을 제공해야 한다(엄정애, 2009).

② 실내 환경을 흥미 영역으로 구성하여 자유선택활동을 운영하는 것이 바람직하다. 각 흥미 영역은 각 영역마다 교육적 가치가 다르고 모두 중요하지만 모든 영역을 한꺼번에 고정하여 배치할 필요는 없다. 유아들의 흥미와 요구, 놀이 공간의 크기, 유아의 연령 또는 수, 학기 초·중·후반 등에 따라 각각의 흥미 영역을 확대·축소시킬 수 있다. 교실 내에서 진행되는 주제나 계절에 따라 전체적인 흥미 영역 배치를 변화시킬 수 있어야 한다. 학기 초에 유아들이 각 흥미 영역의 이름, 흥미 영역에 있는 자료의 종류, 사용 방법 등을 살펴보고 알도록 한다. 그 방법은 다음과 같이 다양하게 진행되기도 한다.

- 그 영역에서 활동했던 유아들의 경험담을 듣는다.
- 교사가 실물 또는 그림을 가지고 직접 설명을 한다. 소개 방법은 연령별로 다르게 진행되기도 한다. 만 3세의 경우 각 놀잇감이 속하는 영역 정도만 소개하고 만 5세 학급의 경우 "왜 이 영역에는 이런 이름이 붙었을까?, 어떤 놀잇감이 모여 있을까? 만약 다른 이름을 짓는다면 어떻게 지었으면 좋을까?" 등으로 차별화하여 소개할 수 있다.

③ 요구가 있으면 교사와 유아가 함께 각 흥미 영역에 필요한 규칙을 정한다. 유아들 간에 일어나는 문제나 갈등에 대해 스스로 규칙을 세우고 해결하도록 도와주어야 한다. 예를 들어, 폭력적인 유아, 물건을 마구 던지는 유아, 때를 가리지 않고 소리 지르는 유아, 교구를 험하게 다루는 유아에게는 자신의 행동이 다른 유아들에게 어떤 영향을 미치는지 알려주고 이를 스스로

고칠 수 있는 기회와 방법을 모색하도록 한다. 각 흥미 영역별로 일어날 수 있는 문제 상황에 대한 규칙 등을 유아들과 함께 정하여 유아가 자발적으로 규칙을 지키도록 한다. 이때 유아들이 각 영역에서 별 문제없이 잘 놀고 있을 때에는 미리 규칙을 만들지 않는다. 자유선택활동이 진행되면서 문제가 생기면 하나씩 규칙을 추가해 나간다. 그리고 일단 약속을 정했어도 유아가 문제점을 제기하거나 바꾸고 싶어한다면 다시 의논하여 바람직한 새 방법을 결정한다.

④ 유아의 놀이 수준을 관찰하여 파악한다. 교사는 유아의 놀이에 다양한 형태로 참여할 수 있다.

- 병행놀이를 한다. 병행놀이는 유아들이 새로운 놀이 방법을 배울 수 있도록 유아가 놀이하는 곳 가까이에서 유아와 비슷한 놀잇감을 가지고 놀이하는 방법이다(예 밀가루반죽 놀이를 하고 있는 유아 옆에서 혼잣말로 "이 밀대로 밀어서 길고 가늘게 만들어야지" : 모델링의 효과).
- 함께 놀이를 한다. 유아와 함께 놀이를 하지만 주도권은 유아에게 주는 방법이다.
- 놀이를 지도한다.
  - –놀이 상황 밖에서 지도하는 방법(외적 개입) : 교사는 역할을 맡지 않고 놀이 상황 밖에서 제안만 하는 방법이다.
  - –놀이 상황 안에서 지도하는 방법(내적 개입) : 교사가 주도권을 가지고 유아의 놀이에 합류, 지도하는 방법이다.
- 중요한 개념을 가르치는 수단으로 놀이를 이용한다(예 주차장과 자동차의 크기를 비교하여 이야기한다. 책을 읽을 때 수 개념을 이해할 수 있도록 알려준다).

⑤ 편안하고 허용적인 분위기를 주는 놀이 환경을 만든다. Carl Rogers의 연구에 의하면 이러한 환경에서 나오는 '심리적인 안정감'은 창의성 발달을 위한 가장 필수적인 요소가 된다(이경미, 2007a, 재인용). 놀이를 장려하기 위해서는 유아가 심리적으로 편안해져야 한다. 따라서 유아가 심리적으로 편안하고 자연스러운 분위기에서 자신의 생각과 느낌을 솔직하게 놀이를

통해 표현할 수 있도록 허용하는 분위기를 조성해 주어야 한다.

⑥ 놀이가 끝난 후 정리정돈을 하도록 지도한다. 진행 중에도 자신이 사용한 놀잇감은 꼭 제자리에 넣도록 한다. 교사는 유아들의 분류 능력을 도와주고 정리정돈을 쉽게 할 수 있도록 배려하여 각 물건들이 놓이는 곳에 물건의 그림자나 사진, 명칭 등을 붙여 자리를 표시해 준다. 표시하는 방식은 다음과 같이 연령별, 영역별로 다르게 운영할 수 있다.

〈표 Ⅰ-1〉 연령별 정리정돈의 방법

연령	방법
만 3세	• 쌓기 놀이 영역 : 바구니와 교구장에 실물 사진 붙여주기 • 역할놀이 영역 : 화장대 등 소품이 놓이는 자리에 실물 사진 붙여주기 • 조형 영역 : 교구장에 그림자와 실물 사진 붙여주기
만 4세	• 쌓기 놀이 영역 : 바구니와 교구장에 실물 사진 붙여주기 • 조형 영역 : 교구장에 그림자와 명칭 붙여주기 • 수 · 조작 놀이 영역 : 교구를 담은 쟁반과 교구장에 기호나 숫자 붙여주기 • 언어 영역 : 도서는 표시하지 않기
만 5세	• 쌓기 놀이 영역 : 교구장에 그림자 붙여주기 • 과학 영역 : 명칭 붙여주기 • 수 · 조작 놀이 영역 : 교구를 담은 쟁반과 교구장에 기호나 숫자 붙여주기 • 점차 표시하지 않는 영역을 늘려가기(예 역할 영역)

(3) 평 가

1 교사 스스로 하는 평가

교사는 일과가 끝난 뒤 놀이를 운영하는 데 있어서 교사의 역할에 충실하였는지, 유아들의 놀이는 어떠하였는지 평가하는 시간을 가진다(Spodek, 1991).

① 조용한 영역 · 활동적 영역이 서로 방해받지 않고 있는가?

② 유아들이 다양한 활동을 선택하는가?, 유아들이 선호하지 않은 영역이 있는가?

③ 유아들이 자율적 · 독립적으로 활동을 선택하고 놀이를 하는가?

④ 유아들이 놀이하는 동안 다른 친구들의 놀이에도 관심을 가지고 서로의 의

견을 주고받는가?

⑤ 비형식적이고 즐거운 분위기에서 놀이를 하고 있는가?

⑥ 교재교구를 유아들이 흥미 있게 사용하고 있는가?

⑦ 자료를 사용하기 위해 차례를 기다릴 수 있는가?

⑧ 영역별 교재교구가 연령별 발달 수준에 적합한가?

⑨ 영역별 교재교구가 주제에 부합되어 교육적 효과를 주고 있는가?

⑩ 영역별 교재교구가 과잉 자극하고 있지 않는가? 등

교사는 '자유선택활동 교사 평가표' 를 이용하여 스스로 하는 평가도 할 수 있다.

2 유아-교사가 함께하는 평가

① 만 3세, 만 4세 : 자유선택활동이 끝난 후 개별적 혹은 전체적인 평가가 구두로 이루어질 수 있다.

② 만 5세 : 자유선택활동이 끝난 후 개별적으로 놀이 평가표를 이용하여 흥미 영역별로 자신의 놀이를 평가하거나 집단으로 모여서 놀이에 대해 재미있었던 점, 개선해야 할 점 등을 이야기 나눈다(자신이 계획한 활동과 실행한 활동과의 차이, 차이가 난 이유, 놀이하는 동안에 있었던 일, 놀이를 마친 후의 기분 등). 이런 경우 다양한 흥미 영역에서 일어났던 놀이에 대한 이야기를 나누는 기회가 될 수 있고 집단으로 모여 유아들이 토론함으로써 새로운 아이디어를 얻을 수도 있다.

위의 평가를 기초로 각 흥미 영역 자료의 종류와 양, 제공 시기 등을 검토하여 조절한다.

2) 흥미 영역별 운영방안

각 흥미 영역별로 운영의 실제를 살펴보면 다음과 같다(엄정애, 2009; 이경미, 2007b; 이숙재, 2004; 이정환 · 김희진, 2007).

(1) 쌓기 놀이 영역

① 만 3세 유아들에게는 단순하고 크고 가볍고 조작이 간단한 자료를 내준다(예 우레탄 블록, 종이 벽돌블록, CHILD블록, 보들이 블록 등). 특히 만 3세

는 다양한 종류보다는 같은 종류라도 양을 충분하게 준비한다.

우레탄 블록

종이 벽돌블록

스펀지 블록

② 만 5세 유아들에게는 만들고자 하는 조형물을 섬세히 만들 수 있는 자료를 주로 내준다(예 유니트, 렉스, 로꼬 블록, 링컨블록, 아이블록, GIGO블록 등).

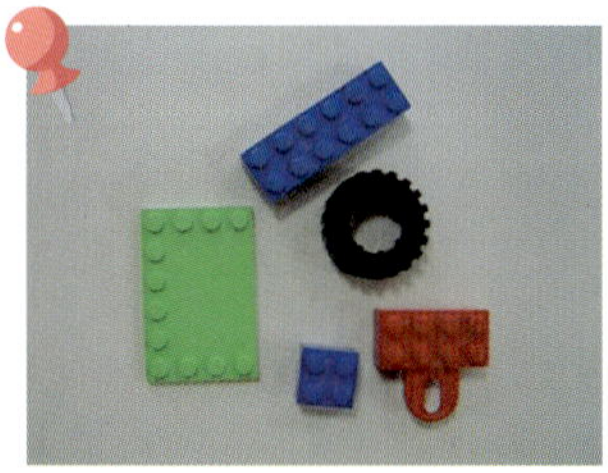
레고

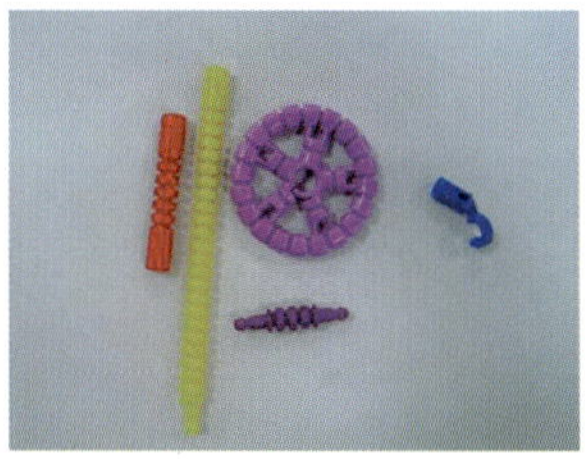
버그토이

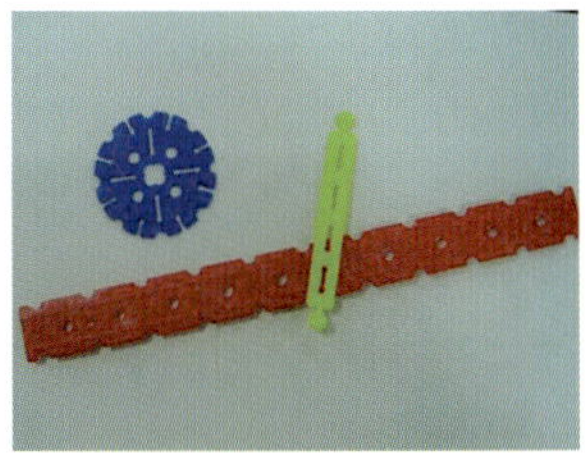
요술끈

카프라

사각블록

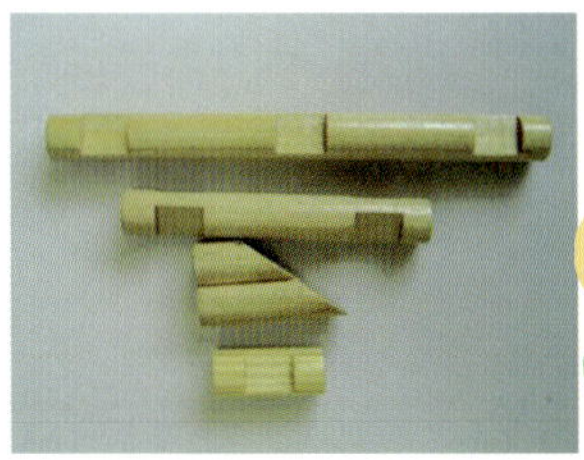
통나무 블록

아이링크 블록

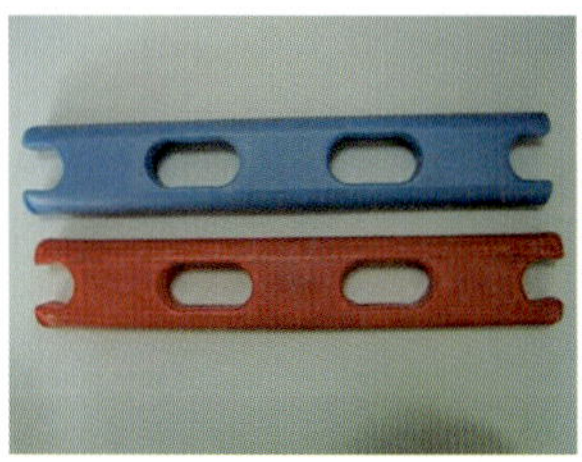
집짓기 블록

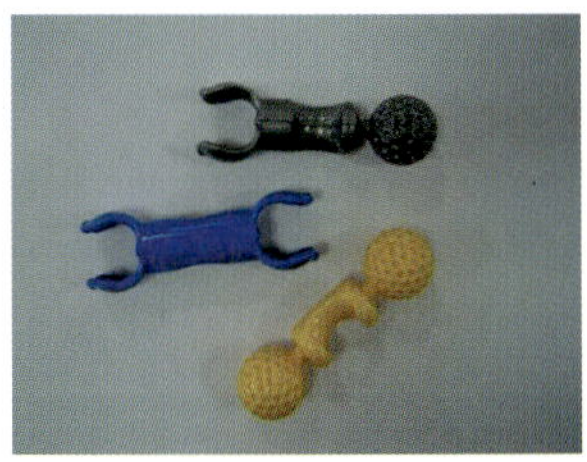
기가블록

루소블록

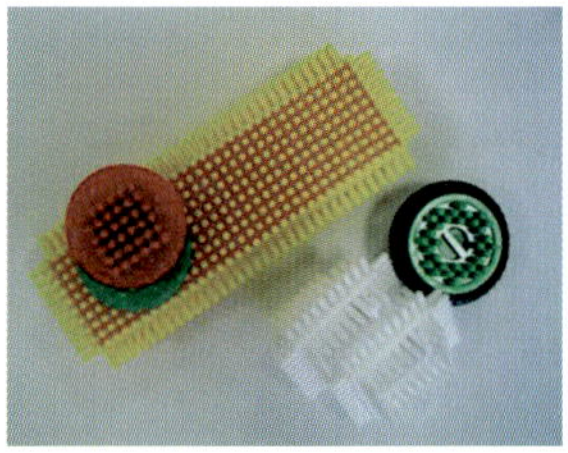
과학블록

카오스 블록

종이 벽돌블록

할로우 블록

톱니바퀴 블록

아이링크 블록

자동차 만들기 블록

유니트 블록

구슬블록

도형블록

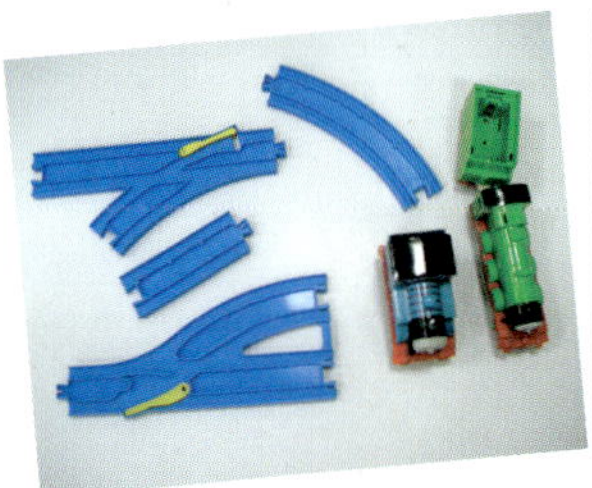
기찻길 블록

코코블록

자석블록

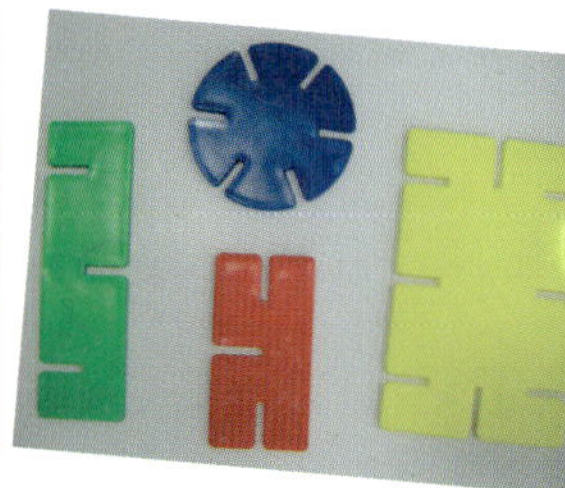
공간구성 블록

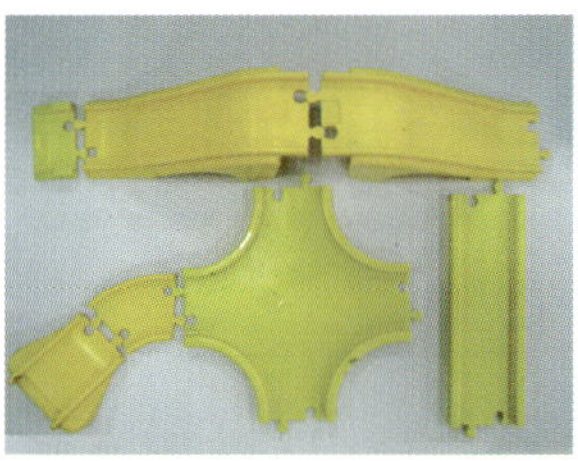
자동찻길 블록

스펀지 블록

우레탄 블록

③ 다른 유아가 적목을 꺼내는 데 지장이 없도록 교구장에서 30cm 떨어진 곳에서 놀도록 하고 생활 주제에 적합한 소품류를 첨가해 준다.

④ 교사는 유아들의 놀이에 적절하게 개입하기 위해서 유아들의 놀이를 먼저 관찰한다. 관련하여 Hirsh는 교사의 존재 그 자체(놀이 지켜보기)만으로도 적목놀이 지도의 한 요건이라고 하였다.

⑤ 관찰한 내용을 근거로 블록구성의 발달 단계를 고려하면서 유아들의 놀이에 필요한 소품 제공, 아이디어 제공, 언어적 격려, 지지, 상호작용을 통해 놀이를 적절히 유지 또는 확장해 준다.

1단계(2세 이하) : 블록을 단순히 옮기는 단계

영유아는 구성하여 만드는 놀이는 거의 하지 않고 1~2개의 블록을 나르거나 불규칙하게 쌓아둠. 여러 개의 블록보다 1~2개의 블록을 탐색하고 관찰을 함. 블록을 다루어 본 경험을 통해 유아는 블록의 속성을 익히게 되고 블록에 대해 이해함.

2단계(2~3세) : 구성 활동의 초기 단계

블록을 구성하기 시작하는 시기. 수평 또는 수직으로 줄 세우기에 열중하기 시작함. 형태가 반복되는 것이 이 시기의 특징이며 블록을 바닥에 늘어놓거나 높이 쌓으려 시도함. 탑 모양으로 쌓는 경우도 고르지 못하게 쌓거나 늘어놓는 경우에도 서로 닿지 않게 하기도 함. 이때 길이 만들어지므로 교사는 자동차를 제공하여 놀이를 활성화시켜 줄 수 있다.

3단계(3세) : 블록을 연결하여 다리(bridge)를 만드는 단계

블록으로 구조물을 만들기 위해 블록들을 서로 연결시킴. 수직으로 세운 2개의 블록들 사이의 공간에 세 번째 블록을 넘어지지 않게 올려서 다리를 만듦. 블록을 구성하는 동안 유아는 새로운 방법을 발견하게 되고 제 해결을 경험하는데, 다리 만들기는 유아에 의해 발견된 일종의 문제 해결의 결과임. 이 활동을 통해 유아는 균형, 공간 인식, 블록의 길이, 균형감과 안정감에 대해 인식을 하게 됨.

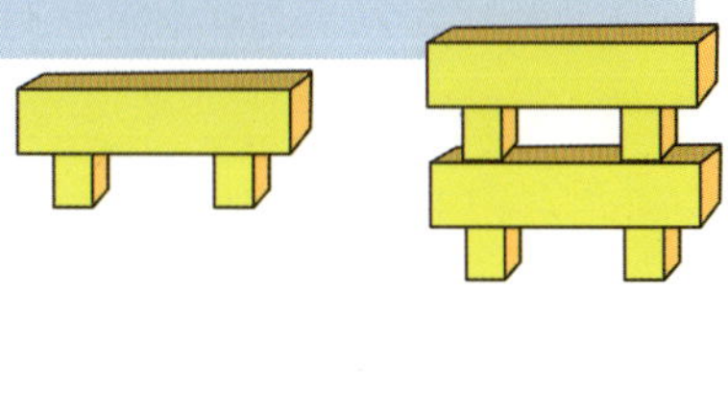

4단계(3~4세) : 폐쇄 공간(enclosure) 구성 단계

블록을 연결하여 폐쇄된 공감을 만듦. 간단하지는 않지만 일단 익히고 나면 반복적인 형태가 나타남. 공간의 안과 밖, 넓이, 기하학적 모양 등도 발견하게 됨. 폐쇄된 구조물은 동물원이나 농장 등의 공간으로 대체되어 다양한 소품을 사용하여 극화놀이에 활용됨. 이러한 활동을 통해 면적이나 도형 등의 수학적 개념의 발달을 도움.

5단계(4세) : 장식적 패턴(patterns & symmetry) 구성 단계

유아는 몇 개의 블록을 연결시키면서 대칭, 균형, 패턴을 이루며 폐쇄 공간을 더욱 정교하게 구성함. 이러한 구조물을 만들면서 유아는 미적으로 자신을 표현하는 동시에 유사성과 차이성을 알게 되고 근육조작 능력이 발달됨. 구조물들은 점차 정교해지거나 이름이 붙여지지는 않음

6단계(4~6세) : 구조물에 명명하는 단계(early representatin)

유아는 경험을 바탕으로 실제 사물의 구조를 재생하고 상징화 · 정교화하고 자신의 구조물에 이름 붙임. 구조물의 형태, 기능이 유아가 붙인 명칭과 밀접하게 연관되지는 못하나 그 구조물을 극화놀이에 이용함. 유아가 극화놀이를 시작하면서 건물의 이름은 차츰 건물의 기능과 직접 관련지어 결정됨. 유아는 점차 경험을 바탕으로 실제와 좀 더 비슷한 정교한 구조물을 만듦.

⑥ 안전관리에 유념한다(예 던지지 않기, 크고 무거운 적목은 아래 칸에 두기, 무게가 있는 적목은 너무 높이 쌓지 않기, 정리할 때 한 번에 부수지 않고 위에 있는 것부터 하나씩 치우기 등).

⑦ 쌓기 놀이 영역은 다른 영역보다 정리하는 데 시간이 많이 소요되는 영역이기도 하다. 정리정돈 5분 전쯤에 정리정돈이 시작될 것임을 알려 유아들이 더 이상 구조물을 확장하여 만들지 않고 정리할 마음의 준비를 하도록 하고 정리 정돈할 것이 많은 날은 다른 영역보다 조금 일찍 정리정돈을 시작하도록 한다.

⑧ 정리정돈은 유아들에게 구성하기를 멈추고 현재까지 만든 것을 부수라는 요구이기도 하다. 유아가 구성 활동을 시작한지 얼마 되지 않아 정리 정돈할 시간이 된 경우, 구조물을 그대로 두었다가 다음 자유선택활동 시간에 계속하여 구성하길 원하는 경우 그에 관한 규칙(예 하루만 보관, 다른 유아들의 놀이에 방해가 안 될 때만 보관 등)을 정한 후 보관할 수 있다.

(2) 역할놀이 영역

① 연령이 어린 유아일수록 가정생활과 연관된 역할놀이를 주로 하므로 만 3세는 가족놀이에 필요한 교재교구를 다양하게 준비해 준다. 연령이 점차 증가함에 따라 더욱 다양한 역할을 할 수 있도록 옷과 소품을 준비해 준다

(예 소도구 상자).

② 역할놀이를 지도하기 위해 교사는 관찰자, 계획자, 안내자의 역할을 담당한다.

- 관찰자 : 개인적 특성(배우 타입/연출가 타입)을 파악, 현재 진행되고 있는 놀이 주제는 무엇인가?, 유아들이 다른 것보다 더 많이 활용하는 놀잇감은 무엇인가? 이 영역에서의 집단은 어떻게 구성되는가?, 구성원 간의 상호작용 실태는 어떠한가?, 놀이의 확장을 위해 필요한 자료는 없는가? 등
- 계획자 : 주제 결정/운영 방법 계획(환경구성에 대한 계획 세워놓기, 사전 활동 계획, 놀잇감 종류, 제공 방법 등), 평가 방법 계획(만족스러웠던 점, 미흡한 점)
- 안내자 : 심리적으로 편안하게 해 주는 정서적 후원자/역할 놀이에 개입, 역할의 갈등이 일어났을 때 다른 가능한 역할 제시, 놀이가 확대될 때 필요한 소품 제시(이것은 사람을 내려오게 하는 사다리라고 하면 어떨까?) 등

③ 역할놀이는 다른 놀이 영역(예 쌓기 놀이 영역 등)과 실외에서 얼마든지 이루어질 수 있다.

자주 관찰되고 유아가 선호하는 역할놀이 주제를 선정. 해당 소품을 마련하여 소품 상자(prop box)를 준비하였음. 유아들은 다양한 소품을 보면서, 새로운 주제의 영감을 갖거나 창의적인 잠재력을 펼 수 있음.

(3) 수 · 조작 놀이 영역

① 연령별로 자료를 제시하되 같은 연령이라 하더라도 영유아의 개인차를 고려하여 다양한 수준의 놀잇감을 제공한다.

② 교사가 제공한 자료 중 유아들이 흥미를 보이지 않거나 사용하지 않는다면 문제점을 파악하여 자료를 수정, 보완하거나 바꾸어 제공한다. 유아들의 수준에 맞지 않거나 매력적이지 않은 놀잇감을 살펴 교체하거나 유아들에게 적합하도록 수정한다. 생활 주제가 바뀌는 시기에는 교체하되, 생활 주제가 오래 지속되는 경우 2주 정도 지난 후 바꾸어 주기도 한다.

③ 특히 3, 4, 5세 유아들에게는 끈 끼우기, 단추 끼우기, 구슬 끼우기, 구슬 옮기기 등 소근육 발달을 위한 교구를 많이 준비해 준다.

④ 그룹게임은 대개의 경우 만 4, 5세가 되어야 할 수 있다. 만 4세의 것은 만 5세에 비해 방법이 비교적 간단하다. 만 5세의 경우에는 게임 판을 유아들 스스로 만들어 사용할 수도 있다.

⑤ 수 · 조작 놀이에 필요한 작은 소품들(주사위, 게임 말, 수를 세기 위한 사물들 등)은 잃어버리지 않도록 작은 그릇이나 쟁반, 바구니 등에 담아 정리 정돈할 수 있도록 한다.

(4) 언어 영역

1 듣기

① 교사의 언어적 상호작용은 언어 영역에서만 일어나는 것이 아니므로 일과 중의 모든 상황과 공간에서 언어 발달을 위한 모델이 되고 촉진자 역할을 하는 것이 중요하다. 듣기, 말하기, 읽기, 쓰기 활동으로 구분하지만 상호 관련성을 가지고 통합적으로 이루어져야 한다.

② 막연히 듣는 것이 아닌 귀 기울여 듣는(listening) 경험은 집중하고 많은 부분을 걸러내야 하므로 창의성에 필요한 예민성을 기르는 데 도움을 준다.

③ 교사 스스로 좋은 경청자(listener)의 모델이 되어야 한다.

④ 듣기 활동을 위해서 교사는 우선 주변에서 쉽게 접할 수 있는 자연의 소리, 동물 소리, 사물의 소리 등을 많이 듣고 변별할 수 있는 기회를 제공한다. 동시, 동화 등도 녹음하여 준비해 준다.

2 말하기

① 각종 인형(손 인형, 막대인형, 손가락인형, 가면, 모자인형 등), 인형극 틀 등 을 제시한다.

② '말하기' 활동 시에는 자신이 이야기하는 대상, 이야기 내용 등을 고려하여 적절한 어휘와 문장을 사용하도록 도와주고 정확한 발음과 알맞은 크기의 목소리로 말할 수 있도록 지도한다. 특히, 평소에 교사가 적절한 크기의 음성과 분명한 발음으로 말함으로써 올바른 '말하기' 의 모델이 된다.

3 읽기

① 종류와 발달 수준을 고려하여 제시한다.

(예 만 3세는 촉감을 경험할 수 있는 책, 글씨는 적고 그림이 선명한 그림

책을 내준다, 만 5세는 2학기 말이 되면 다른 연령에 비해 글씨가 훨씬 많은 책을 제시한다)

② 교사는 자주 유아들에게 책을 읽어준다.

4 쓰기

① 놀이를 통한 즐거운 경험을 쓰기와 읽기에 대한 흥미와 관심으로 이어질 수 있도록 한다. 또 유아들이 만든 규칙이나 조형 작품의 내용을 받아써 준다거나, 유아들이 만든 동시를 적고 읽어주는 등 말과 글의 관계에 관심을 가질 수 있도록 지도한다.

② 유아의 발달 수준에 적절한 그림책과 쓰기 도구, 종이를 준비해 주는 등 풍부한 문해 환경을 구성하고 유아와 적절한 상호작용을 한다.
(예 그림사전 등)

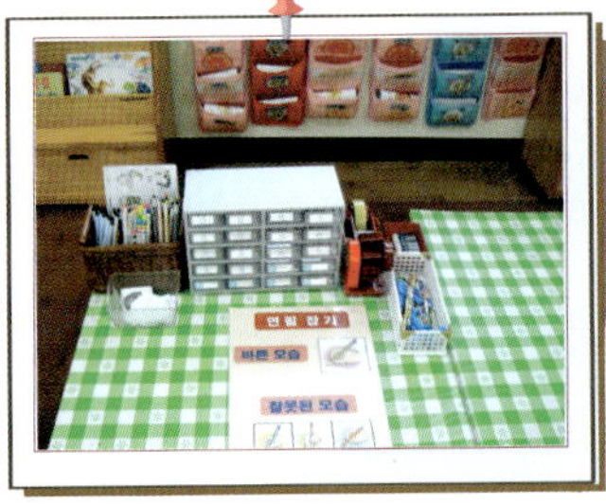

(5) 음률 영역

① 자유로운 탐색과 다양한 활동 전개를 위한 충분한 공간을 갖추는 것이 좋다. 음악 활동은 개별 활동뿐 아니라 다양한 크기의 집단 활동으로 이루어지기도 하고 음악에 맞춰 몸을 자유롭게 표현하는 활동도 하게 되므로 충분한 공간을 제공하는 것이 좋다.

② 특히 만 3세는 타악기와 리듬 악기를 중심으로 구성해 주되 2주일에 한 번쯤은 몇 종류씩 바꾸어준다. 생활 주제나 계절이 바뀔 때 악기를 바꾸어 주어 유아들이 음률 놀이에 흥미를 유지할 수 있도록 한다.

③ 교사는 영유아가 악기를 탐색하는 기회도 주지만, 연주할 때 아름다운 소리를 낼 수 있도록 바른 연주 방법에 대해서도 이야기해 준다.

④ 동요, 고전음악, 민요, 왈츠, 종교음악뿐만 아니라 록음악, 전자음악에 이르

기까지 다양한 종류의 음악을 듣고 감상해 보는 기회를 제공한다.

(6) 과학 영역

① 과학 영역은 생활 주제, 계절, 연령에 따라 변화 있게 운영한다.

- 만 3세 : 호기심 갖기, 관찰하기 중심의 영역을 구성한다.

- 만 4세 : 예측, 관찰, 기록, 평가도 가능하나 교사의 도움을 많이 필요로 한다.

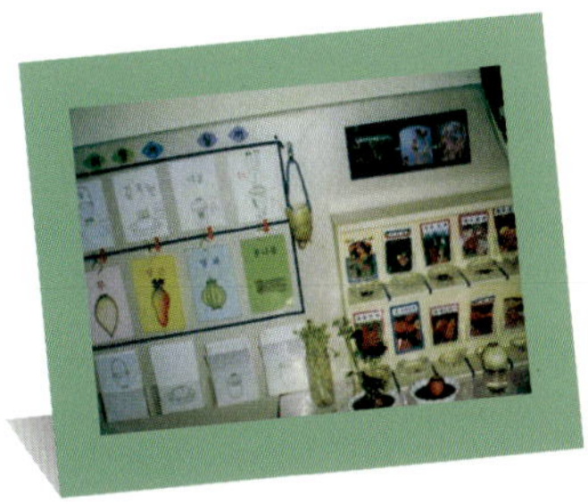

- 만 5세 : 만 4세에 비해 교사의 도움을 적게 받으며 정교한 과학 활동을 할 수 있다.

② 기관의 실내뿐만 아니라 실외 환경을 연계 활용하기도 한다. 실외에는 과

학적 호기심을 불러일으킬 수 있는 소재가 매우 많이 있다. 실외의 것을 실내로 가져와 과학 영역에서 관찰하기도 하고 실내 영역에서 해 보았던 과학 활동을 실외에서 해볼 수도 있다.

③ 생활 주제와 계절에 따라 변화 있게 운영하되 일 년에 걸쳐 교사는 다양한 과학적 개념에 대한 이해를 돕도록 영역을 구성한다. 과학 영역에 유아가 관심을 가질 수 있도록 배치하고 유아가 작성한 관찰 기록 등을 게시해 주고 기록에 참여한 유아들이 성취감과 자부심을 가질 수 있도록 기회를 준다. 관찰, 실험을 토대로 유아의 생각과 개념을 공유하는 기회를 주는 등 교사가 지속적인 관심을 보여준다.

(7) 조형 영역

① 유아들이 손쉽게 쓸 수 있도록 자료를 효율적으로 배치(매력적으로 펼쳐서)한다.

② 교사는 섬세한 기술을 요하는 작품을 완성하는 데 중점을 두기보다 유아가 다양한 자료를 다루어 보고 표현해 보는 과정 그 자체를 즐길 수 있도록 지도한다.

③ 교사의 도움을 최소화할 수 있도록 준비한다(예 만 5세~작업 순서도 활용).

④ 만 3세 : 너무 다양한 자료를 제공하면 혼란을 가져오므로 서너 가지 정도의 기본적인 자료를 제공하되, 자주 바꾸어 주는 것이 좋다(교육부, 1995).
(예 자료의 개방을 점차적으로 한다. 필요에 따라 가리개로 영역의 일부를 가리는 것이 효과적이다)

⑤ 자유선택활동 시간에 조형 영역을 운영할 때 교사는 전체 유아를 바라볼 수 있는 자리에 앉아 새로운 작업을 하는 유아들에게 도움도 주고 전체 유아들의 놀이도 관찰한다.

⑥ 연령이 높은 경우 새로운 활동을 교사가 모든 유아에게 지도하는 것보다는 이미 익숙해진 유아가 친구에게 도와주도록 안내하거나 조형 활동을 위한 순서도를 작성하여 한쪽 벽에 붙여 주어 유아 스스로 이해하도록 돕는다.

⑦ 새로운 작업을 내어줄 때는 유아가 각자의 흥미와 관심에 따라 선택할 수 있도록 방법과 난이도를 달리하여 두세 가지를 내주면 좋다. 또한 새로운 활동을 위한 자료는 3~4일 동안 계속 내주어 누구나 경험해 볼 수 있는 충분한 기회를 제공해 준다.

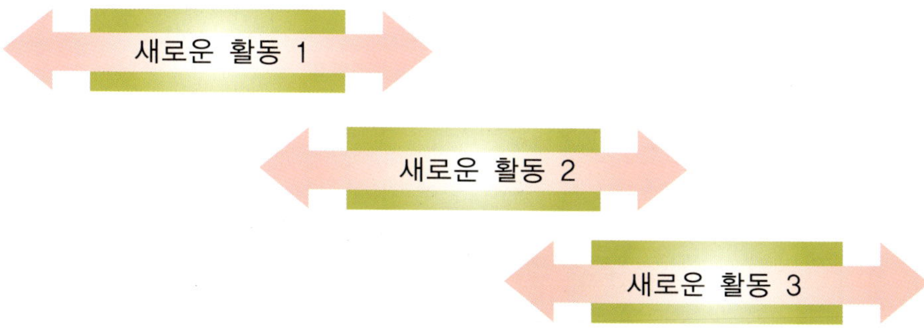

⑧ 유아가 한번 시작한 활동을 끝까지 마무리할 수 있도록 격려해 주고 마치지 못한 작품을 보관하는 장소를 지정하여 여러 날에 걸쳐 완성할 수 있도록 허용한다. 작품에 대해 만족하지 못하고 중간에 포기하고자 하는 유아에게는 함께 의견을 나누고 수정하여 끝까지 완성함으로써 작품에 대한 자신감과 성취감을 느끼도록 한다.

⑨ 다른 친구들의 작품을 감상하면서 서로 의견을 주고받는 감상의 기회를 제

공한다. 유아가 완성한 작품을 전시할 때는 장소와 상황에 맞게 전시하되 몇 회로 나누어 윤번제로 전시할 수 있다.

(8) 컴퓨터 영역

① 1, 2세 영아나 3세 학급에서는 컴퓨터 영역을 설치하지 않는 것이 바람직하다. 4세 학급에 처음 컴퓨터 영역을 설치할 때는 다른 영역에 충분히 익숙해진 다음 제시하는 것이 바람직하다.

② 컴퓨터 켜고 끄기, CD-ROM 조작하기, 마우스 사용하기, 인쇄하기와 같은 기본적인 컴퓨터 작동 방법을 분명히 지도하고 익힐 수 있는 기회를 제공한다.

③ 인터넷사이트를 통한 활동을 할 때는 유아에게 유해한 사이트를 차단하기 위하여 차단 소프트웨어를 사용해야 한다. 또한 교사가 허용하는 인터넷사이트를 즐겨찾기에 저장하여 두고 유아가 제한된 사이트로만 접속하도록 하는 것도 좋다.

④ 컴퓨터를 다루는 능력의 개인차가 크기 때문에 익숙하게 다루는 유아가 영역을 독점하지 않도록 관찰하고 적절히 중재한다. 컴퓨터는 많은 유아가 한꺼번에 사용할 수 없으므로 공평하게 컴퓨터를 사용할 수 있는 방법을 고안하여야 한다. 유아들과 의논하여 시간과 순서 등의 규칙을 정하지만 유아 개인당 15~20분 정도가 적당하다고 한다. 지나치게 많은 시간을 사

용하거나 바른 자세를 하지 않는 경우, 시력 발달이나 전반적인 신체 발달에 장애가 될 수 있으므로 교사의 관심과 지도가 필요하다.

⑤ 교사는 다양한 방법으로 컴퓨터를 활용하는 좋은 모델이 될 수 있다.
(예 "이 그림 자료는 우리 교실 컴퓨터 영역에서 인쇄한 거란다", "우리 교실의 물고기가 좋아하는 먹이가 무엇인지 컴퓨터에서 찾아볼까?", "이 노래를 컴퓨터에서 찾아서 들을 수 있는 인터넷사이트가 있단다." 등)

⑥ 교사는 컴퓨터 영역에서 유아의 활동을 지속적으로 관찰하고 평가하여야 한다.
(예 소프트웨어가 유아의 발달 수준에 적합한가?, 컴퓨터 영역의 배치가 상호작용을 유발하도록 되어 있나?, 교사 자신이 적절한 상호작용을 해 주는가? 등)

⑦ 컴퓨터 영역은 다른 영역과 분리하기 위하여 별도의 가리개나 칸막이를 사용할 필요는 없다. 컴퓨터를 직접 하지 않는 유아라도 곁에서 지켜보거나 대화를 나눔으로써 학습과 상호작용이 발생할 수 있기 때문이다. 컴퓨터를 사용하는 유아뿐 아니라 기다리거나 구경하는 유아와 교사도 함께 컴퓨터 활동을 볼 수 있도록 넓은 장소에 개방적인 구조로 배치하면 좋다.

(9) 기타

1 대근육 활동 영역

① 특히 만 3세는 실내에도 준비한다(예 미끄럼, 흔들 말, 볼링, 공 던지기, 계단 등).

② 대근육 활동 영역은 종일반이나 만 3세아 학급에 필수적으로 설치해야 한다. 그러나 공간이 협소한 경우 음률 영역과 통합할 수 있다(교육부, 1995).

2 개별적 휴식 영역(개별 공간)

① 만 3세의 유아들은 특히 대집단의 유아들과 함께 있는 경우 압도되어 혼자 있고 싶어하고 혼자 있으면서도 다른 유아들이 무엇을 하는지 알고 싶어하기 때문에 개방된 휴식 공간이 필요하다.

② 얇고 비치는 소재로 칸막이를 해 주거나, 두껍고 큰 상자에 구멍을 뚫어 문

과 창문을 만들고 아늑한 느낌을 줄 수 있도록 바닥에 작은 깔개를 깔고 쿠션을 마련하거나 혹은 작은 천막을 설치할 수도 있다. 이런 물품은 집 먼지, 진드기 등에 노출되기 쉬우므로 교사는 위생관리를 철저히 한다.

③ 유아들이 휴식 영역을 인식하지 못할 경우 다른 영역의 놀잇감을 가져와 놀거나 다른 흥미 영역의 한 부분으로 인식하여 그 안에서 놀이를 진행하게 된다. 그러므로 학기 초에는 유아들이 개별적 휴식 영역을 인식할 수 있도록 휴식이 필요한 유아를 데려다가 그 자리에서 쉴 수 있도록 유도하고 경우에 따라서는 영역에 대한 오리엔테이션을 한다. 교사는 개별적 휴식 영역에 있는 유아가 소외감을 느끼지 않도록 관찰하고 심리적으로 불편하거나 속상함을 표현할 때는 교사가 잠시 안아주거나 쓰다듬어 주어서 심리적 편안함을 느낄 수 있도록 도와준다.

이상 자유선택활동 시간 운영에 관해 우리가 알아야 하고 이미 알아 왔던 기본 내용을 중심으로 함께 검토해 보았다. 오늘 우리가 함께 하는 이러한 검토 기회가 우리가 알고 있었던 이론이 실제 유아교육현장에 충분히 반영되고 있었는지, 실천과정에서 소홀한 점은 없었는지, 더 나은 방법이 있었던 것은 아닌지, 만약 시설이나 기타 주변 여건상 어쩔 수 없이 실천하지 못하는 부분이 있다면 어떠한 대안을 가질 수 있을 것인지, 그동안 실천을 잘하고 있었다고 생각하고 있었지만 더불어 생각해야 될 측면이나 관점이 더 있는지 등 여러 가지 측면에서 생각하고 자신이 운영하는 자유선택활동을 더욱 충실히 운영하기 위해 노력하는 계기가 될 수 있다면 더욱 의미 있고 귀중한 시간이 될 것으로 생각한다.

II. 실제 I : 역할놀이 영역 충실하게 운영하기

유아들은 다양한 놀이를 자연스럽게 즐긴다. 교육적으로 가치가 있는 다양한 놀이 중에서 유아들이 가장 많이 즐기는 놀이는 역할놀이이다. 역할놀이는 가정이나 병원, 음식점, 가게, 공공기관 등에서 유아들이 흥미롭게 느꼈던 사건이나 경험을 재현해 보거나, 자신의 상상이나 생각 등을 행동으로 표현해 보는 놀이로서 역할, 사물, 상황의 가작화 요소 중 역할의 자율적인 변형에 초점을 두고 '마치 ~인 것처럼' 표현하는 경우의 놀이를 말한다(엄정애, 2009). 이러한 다양한 역할놀이가 일어나는 영역을 역할놀이 영역이라고 한다.

역할놀이는 유아의 신체 발달, 사회 · 정서 발달, 인지 발달, 창의성 발달, 언어 발달을 촉진시키므로 유아교육의 교수 · 학습 방법으로 적극 활용되고 있다. 유아의 전인 발달에 기여하는 역할놀이의 발달적 가치를 알고 있으면서도 현장에서는 역할놀이를 위한 시간과 자료가 부족하고(박란규, 2005; 이기숙 · 이경미 · 김순환, 1998; 홍순옥, 1994), 자료가 있더라도 자주 교체되지 않은 채 고정되어 있으며(나은숙, 2005; 박화윤 · 최재숙 · 마지순, 2002; 양옥승, 2005), 유아들의 역할놀이 시 어떻게 상호작용해야 할지 몰라 자신감이 부족하다(지성애 · 정현주 · 이영선 · 박유영, 2007)는 등 여러 가지 이유 때문에 역할놀이 영역의 운영이 활성화되지 못하고 있는 실정이다.

유아교육기관에서의 역할놀이 운영 실태 및 교사의 인식에 대해 구체적으로 살펴보면 다음과 같다(박혜진, 2008).

1. 역할놀이 영역 운영 실태와 교사의 인식

1) 역할놀이 영역 운영 실태

서울 및 경기지역 내 공 · 사립 유치원 교사 256명을 대상으로 역할놀이 영역의 운영 실태를 살펴보면 다음과 같다.

- 환경적인 면에서 역할놀이를 위한 공간은 대부분 교실 내에 마련되어 있었다. 그리고 가장 많이 보유하고 있는 역할놀이 자료는 소꿉놀이 관련 자료들이었다. 많은 유치원에서 역할놀이 자료의 교체 및 첨가 시 진행되는 생활 주제를 우선적으로 고려하는 것으로 나타났다.
- 운영 방법 면에서 사립유치원은 상황에 따라 주제와 흥미로운 활동을 병행하여 활동 계획안을 작성하는 곳이 많았고 공립유치원은 활동 계획안을 작성하지 않고 자연스럽게 지도한다는 곳이 많았다. 또한 역할놀이를 위해 주로 하는 교사의 역할은 활동 계획과 소품을 마련하는 준비역할이 놀이에 직접 개입하는 역할보다 많이 나타났다.

2) 역할놀이에 대한 교사의 인식

서울 및 경기지역 내 공·사립 유치원에 근무하는 교사 256명의 역할놀이에 대한 인식을 살펴보면 다음과 같다.

- 운영 실태 면에서 역할놀이를 할 수 있는 실내 자유선택활동 시간이 충분히 제공되는 반면 충분한 역할놀이 자료는 제공하지 못한다고 인식하고 있었다. 역할놀이 자료 보관 장소의 필요성과 활동 계획의 필요성은 대부분의 응답자가 필요하다고 하였다. 또한 교사들이 생각하는 역할놀이 자료의 이상적인 교체 및 첨가 주기는 한 달에 한 번과 격주의 한 번으로 나타났으며 역할놀이 자료의 이상적인 교체 및 첨가 기준은 진행되는 생활 주제와 유아의 흥미 순으로 나타났다.
- 교사 역할 면에서는 생활 주제와 연계될 수 있도록 활동을 계획하고 다양한 놀이를 할 수 있도록 다양한 소품을 준비하며 놀이를 격려하고 교육할 수 있는 순간을 포착하여 적극적으로 놀이에 참여하는 순으로 나타났다.
- 교육적 효과 면에서는 유아의 사회성 발달과 의사소통 능력의 발달, 정서적 안정감 증진 순으로 역할놀이의 교육적 가치가 많이 있다고 인식하고 있었다.
- 역할놀이를 지도하는 데 있어서 놀잇감 부족과 교사들의 놀이에 대한 이해 부족을 다양한 역할놀이가 이루어지지 않는 원인으로 인식하였고 역할놀이 영역의 운영 시 보조 인력이 없어 질적 상호작용이 어렵다고 인식한 교사가

가장 많았으며 놀잇감 보관의 어려움과 놀이 확장 방법 및 상호작용에 어려움을 느끼는 것으로 나타났다.

- 역할놀이 영역을 충실하게 운영하기 위해서는 교사 연수를 통해 유아 놀이 관찰 및 상호작용 방법 등을 습득하고 놀잇감을 확충하며 역할놀이 운영에 대한 원장과 교사들의 적극적인 의지와 노력이 필요하다고 인식하였다.

이상에서 살펴본 역할놀이 영역의 운영 실태와 교사의 인식을 바탕으로 본 유치원에서는 역할놀이 영역을 충실하게 운영하기 위해 역할놀이 영역의 환경구성, 주제 선택, 교사의 역할 측면에서 몇 가지 내용과 방법을 모색, 적용하였다. 본 유치원에서 현장, 적용한 내용과 방법을 참고하여 각각의 유치원에서 운영한다면 유아들에게 역할놀이를 위한 새로운 자극과 도전을 제공하여 적극적인 참여를 도모하고 역할놀이 영역 내에 환경 변화를 주어 유아교육현장에서 역할놀이영역을 충실하게 운영하는 데 도움이 될 수 있을 것으로 생각된다.

2. 역할놀이 영역의 환경구성

유아가 있는 모든 학급은 전통적인 역할놀이 영역이 있다. 이 영역에는 입을 수 있는 옷, 테이블, 의자와 같이 단순한 것에서부터 포크, 칼, 과일꽂이 등의 정교한 것까지 준비되어 있다. 학급의 규모가 크든 작든, 연령이 어리든 좀 더 많든 유아교육기관에서는 유아들에게 익숙한 가족의 역할을 통해 가상할 수 있는 역할놀이 영역을 제공해 왔다. 이 영역에서 유아들은 옷 입고, 요리하고, 아픈 사람을 치료하고, 청소하고, 아기 보는 것을 가상하는 역할놀이를 한다.

1) 영역의 배치

① 역할놀이 영역은 정적인 영역에서 떨어진 동적인 영역에 공간을 넓힐 수 있는 여유를 두고 배치하였다. 특히 쌓기 놀이 영역과 인접하게 배치

하여 영역 간의 놀이가 연계되어 역할놀이가 더욱 활성화되도록 하였다. 블록으로 역할놀이 소품을 만들거나 쌓기 놀이 영역이 역할놀이가 이루어지는 장으로 활용되었다. 이 과정에서 남아가 역할놀이에 관심을 갖게 되고 여아가 쌓기 놀이에 참여하게 되기도 하였다.

② 유아들의 흥미에 기초하여 역할놀이가 확장될 경우, 역할놀이 영역의 공간 크기를 교사가 재구성해 주었다. 유아들의 흥미가 비교적 덜하다고 관찰된 영역을 설치하지 않거나 역할놀이 공간과 다른 흥미 영역 공간을 합하여 영역을 재구성함으로써 최대한 공간을 효율적으로 사용하려고 노력하였다. 역할놀이 영역에서 병원놀이가 확장되자 컴퓨터 영역과 합하여 영역을 구성, 컴퓨터와 의자 등을 활용하여 유아들이 병원놀이를 할 수 있도록 하였다.

③ 유아들의 흥미와 요구에 따라 같은 시기에 한 교실 내에 2개 이상의 역할놀이 공간을 마련해 주는 경우도 있었다. 가정집과 병원, 가정집과 목욕탕, 옛날 집과 오늘날 집 등 2개 이상의 역할놀이 공간이 마련되는 경우도 있었다. 이와 같은 배치로 유아들은 더 적극적으로 놀이에 참여하였으며 서로 연계된 놀이가 이루어지고 인지 · 사회적으로 높은 수준의 놀이를 보였다.

④ 유아들 스스로 자신이 계획한 놀이에 적합하도록 역할놀이 영역을 재구성하는 것을 허용하였다. 선생님 놀이를 할 때 융판과 악기를 활용하는가 하면 소풍갈 때 타는 버스를 만들기 위해 의자를 끌어오기도 하고 과일가게 놀이를 할 때 돈 받는 곳을 만들기 위하여 인형극장 틀을 가져와 수납구로 이용하기도 하였다.

⑤ 유치원에서의 역할놀이는 다양한 영역에서 발생한다. 유아들이 역할놀이를 할 때 역할놀이 영역에서만 할 수 있도록 제한하는 것이 아니라 다른 놀이를 하는 유아들에게 방해가 되지 않는 범위 내에서 다른 장소에서 역할놀이 하는 것을 허용하기도 하였다. 언어 영역의 말하기 영역에서 극장놀이를 하거나 대근육 영역을 소풍지로 이용하는 경우도 있었다. 역할놀이에서 만든 음식 등을 다른 영역으로 배달하거나, 역할놀이에 필요한 다양한 소품들을 다른 영역에서 만들기도 하였다. 또한 실내뿐만 아니라 실외에서도 연계해서 놀이하였으며 놀이 자료와 놀이 기구를 활용하여 소방관 놀이, 가게놀이를 하기도 하였다.

2) 영역의 구성

① 가족놀이를 할 수 있도록 소품을 제공하면서 음식을 포함한 요리, 집안 청소 등 가정의 상황이 포함된 그림이나 사진을 전시하거나 동물병원에 오는 동물의 뼈 사진, 진료 기구 및 장면, 동물을 돌보는 방법 등이 소개된 사진 및 그림 등을 함께 게시하는 등 역할놀이 주제와 관련된 그림이나 사진을 벽면 혹은 교구장에 게시하여 유아들의 역할놀이 활성화를 도왔다. 이러한 그림 및 사진 자료 등은 인터넷, 놀잇감 상자의 그림이나 설명서, 관련 도서 등을 참고하여 준비하였다.

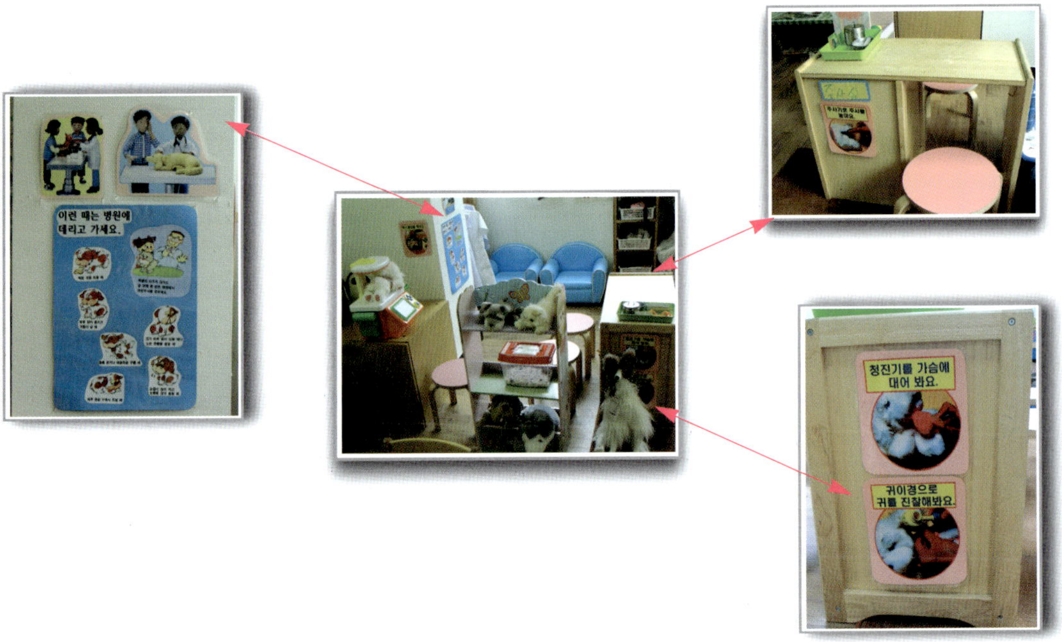

② 쌓기 놀이 영역에 건설현장의 안전모, 과학 영역에 사람과 동물의 뼈, 혈관 사진 등을 함께 제시하여 다른 영역에서도 역할놀이가 일어날 수 있다는 것을 염두에 두고 역할놀이 외의 영역에서도 다양한 소품을 제공하였다.

③ 교사는 역할놀이 영역이 축소되거나 새롭게 생성되고 생략될 때 유아들의 의사를 반영해서 영역을 다양하게 구성하기도 하였다. 특히 만 5세는 역할놀이의 확장을 위해 이동 가능한 칸막이, 장을 제공해 주어 유아들의 흥미나 즉흥적인 관심에 따라 스스로 역할놀이를 창안하고 공간을 구성해 보도록 하였다.

3) 영역의 자료

연령과 시기에 따라 역할놀이의 자료들을 다르게 제공하였다. 연령이 높아지고 시간이 지나갈수록 인형이나 소품들을 더 많이 사용하면서 놀이하므로 보다 다양한 놀이 자료를 제공해 주었다. 특히 만 5세의 경우는 스스로 놀이 주제를 생각해 내어 역할놀이를 하는 경우가 많아졌으며 교사는 이에 따라 유아들이 필요로 하는 소품을 빨리 준비해 줌으로써 유아들이 자신들이 생각해낸 역할놀이를 더욱 흥미 있게 지속할 수 있을 것이라고 생각하였다. 그리고 다양한 소품을 보면, 유아들의 다양한 역할놀이가 이루어지고(이기숙 · 이경미 · 김순환, 1998) 새로운 주제에 대한 영감을 갖거나 창의적인 잠재력을 펼 수 있다고 생각하여 소품 상자(prop box)를 마련하기도 하였다.

(1) 소품상자(prop box)의 준비 및 활용

① 교사 회의를 통하여 자주 관찰되고 유아들이 선호하는 역할놀이 주제를 선정하여 그에 해당하는 소품을 마련하였다.

- 놀이 주제 : 병원놀이, 시장놀이, 가게놀이, 가족놀이, 유치원, 음식점, 생일축하 놀이, 미장원, 은행, 우체국, 경찰서, 방송국, 학교, 신발가게, 동물원, 소풍놀이, 우주선, 소방관, 주유소, 수영장, 목욕탕, 이삿짐센터, 패션쇼, 기상통보관 등
  → 선정된 놀이 주제 : 음식점 놀이, 병원놀이, 소풍놀이, 미용실 놀이, 우체국 놀이, 가게놀이, 생일축하 놀이, 소방관 놀이, 은행놀이, 우주선 놀이
- 선정된 놀이 주제에 필요한 소품들은 주변에서 우선 수집하였다. 특히 부모들에게 협조를 구해 소품들을 기증받았다. 의사가 직업인 부모들로부터는 청진기, 주사기, X-ray 필름 등 병원 기구를 기증받았다. 또 필요한 것들은 마트, 온라인마켓 등에서 구입하였고 폐품을 활용하여 필요한 물품을 제작하거나 기존의 소품을 보다 매력적으로 수선하였다.

미용실 놀이

드라이기, 고대기, 전기 머리 말기, 도구 2세트 (빨간색, 회색), 머릿수건, 앞치마

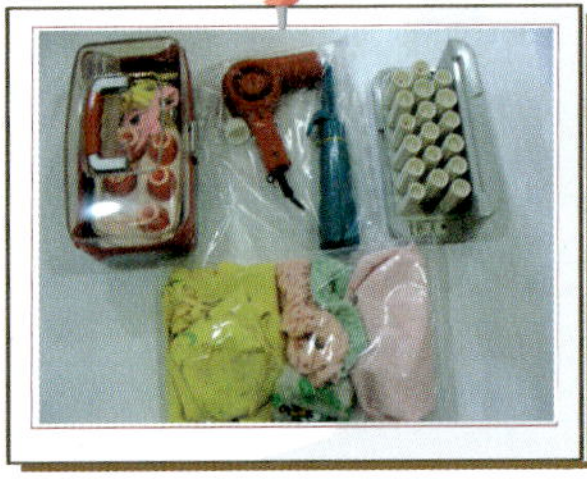

소방관 놀이

소방관 플라스틱 모자 2개, 구조대 모자, 구조대 조끼, 물통, 소방관 복장, 불 모형, 망치

가게놀이

배달 가방,
달걀판,
음식 포장 상자,
베이커리 물건 소품,
음식 모형 종이,
영수증

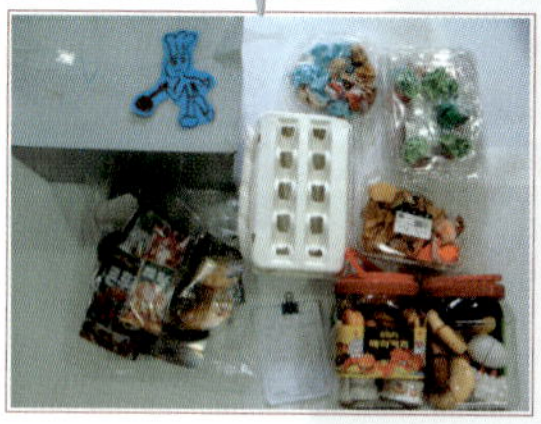

생일축하 놀이

케이크 상자,
파티 종이 모자,
파티 천으로 된 모자,
파티 머리띠,
선물 포장 봉투,
선물 상자, 케이크

병원놀이

컴퓨터 키보드,
주사기 종류, 청진기,
약통, 솜을 넣는 통,
병원놀이 가방,
엑스레이 사진 및 병원 관련 화보,
천으로 된 몸의 내부 구성 모형,
뼈가 그려진 옷,
의사 가운,
붕대, 반창고, 거즈,
이 닦기 모형

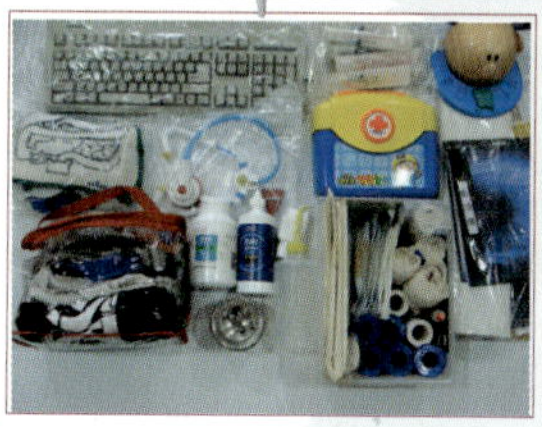

음식점 놀이

가스레인지,
햄버거 만들기,
샌드위치 만들기,
김밥 만들기,
카스텔라,
카스텔라 도시락 통,
수저, 국자 등,
피자, 딤섬 통, 식판,
사탕 및 사탕 통

우체국 놀이

우체통
우체부 모자
우체부 가방

소풍놀이

집 모양 소풍 가방 /
타원 형태 소풍 가방 /
사각 소풍 가방
사기 찻잔 세트
대형 돗자리
소형 돗자리
방수 가방

② 역할놀이 주제별 소품은 밖에서도 내용물을 알 수 있도록 반투명 상자에 넣어서 정리하였다. 또한 소품의 사진을 찍어 소품 상자에 붙여놓고 상자에 주제와 관련된 제목을 붙여서 유아들이 원하는 소품 혹은 소품 상자를 찾아 쉽게 가져갈 수 있도록 하였다.

③ 소품의 수효가 많지 않고 원하는 학급이 여럿 있어서 소품을 돌려가며 사용해야 할 필요가 있는 경우도 있었기 때문에 각 주제별 소품 상자는 유아들이 쉽게 가져갈 수 있도록 유아의 손이 닿을 수 있는 곳에 설치하였다. 본 유치원에서는 위 조건을 만족시키고 공동으로 사용하기에 편리한 활동실 입구 복도에 설치하였다.

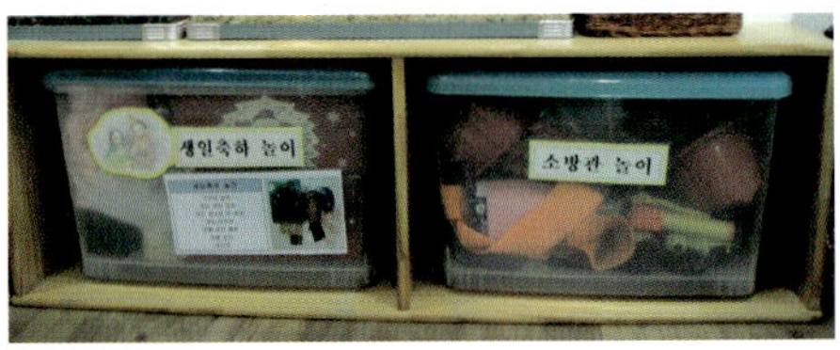

④ 유아들이 실내 자유선택활동 시간 동안 역할놀이를 할 때 필요하다면 언제든지 소품 상자를 가져다 사용할 수 있도록 허용하였다.

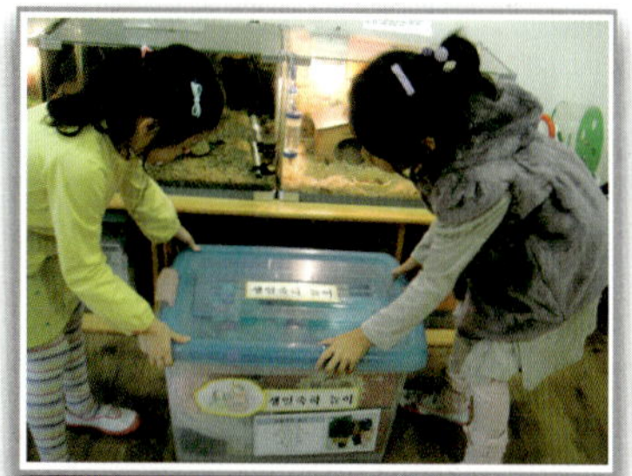

(2) 다양한 자료 사용

유아들에게 제공되는 다양한 역할놀이 자료들은 역할놀이 주제를 결정하는 요인이 될 수도 있고 유아들의 놀이도 풍부하게 할 수 있다. 하지만 이러한 자료들을 교사가 모두 제공해 주어야 하는 것은 아니다. 다양한 주제에 따라 유아들이 스스로 만들기도 하고 집에서 가져오기도 하였다.

① 역할놀이 영역에 생활 주제 혹은 유아들이 흥미를 가지고 있는 역할놀이 주제와 관련된 소품을 제공하였다. 그리고 유아 스스로 미술 자료, 도구 등을 이용하여 원하는 소품 만들기를 격려하였다. 이를 위해 역할놀이 영역에 다양한 쓰기 및 만들기 재료 등을 준비해 두었다. 유아들은 스스로 만들거나 구해 온 놀잇감이 비록 사실적이거나 구체적이지 않더라도 더 의미가 있었다. 그 놀잇감을 교사가 인정하지 못하고 구체물을 제공해 줄 경우 유아들은 오히려 사용하지 않았다. 유아들이 스스로 찾아온 은박지 속대가 더 유용하고 놀이를 지속시키는 자료가 되기도 하였다.

② 다른 놀이를 하는 유아들에게 방해가 되지 않는 범위 내에서 역할놀이에 다른 영역의 자료를 가져다 사용하는 것을 허용하기도 하였다. 수·조작놀이 영역의 과일 모형을 과일가게 놀이용 소품으로 이용하는 경우도 있었다.

(3) 자료의 정리 및 보관

① 유아들이 정리 정돈하는 것을 돕고 유아들이 찾아서 사용하기 편리하도록 놀이 자료의 사진을 찍어 역할놀이 영역의 소품 놓을 자리에 붙여 주었다.

만 3세

만 4세

② 놀이 자료의 내용을 밖에서도 알 수 있도록 반투명 상자에 자료를 정리하여 넣었으며 사진을 찍어 바구니나 상자, 가구 외관에 붙여 놓았다. 이렇게 주제와 관련된 제목과 사진을 붙여서 쉽게 원하는 소품을 찾을 수 있도록 하였다.

③ 정리할 때 세세한 자료의 모든 자리를 표시하라는 것은 아니다. 아주 작은 자료의 경우 바구니에 담아 둔다든지, 옷은 옷걸이에 걸어 옷장에 정리할

수 있고 접시는 찬장에 정리, 화장품은 화장대에 정리할 수 있는 생활 속 정리 방법을 스스로 실천할 수 있도록 하였다.

④ 역할놀이 영역 자료의 체계적 보관 및 활용이 용이하도록 자료 보관장이나 자료실을 활용하였으며 놀이 자료의 규모와 사용하는 연령 및 주제에 따라 달리 보관하였다. 규모가 큰 놀이 자료의 경우는 내용물을 확인할 수 있도록 투명비닐을 씌우고 자료에 제목을 붙여 자료실에 연령별로 보관하였고 주제별 놀이 자료들은 각 연령별로 내용물을 알 수 있는 반투명 상자에 제목을 붙여 자료 보관장에 정리하였다. 공동의 놀이 자료들은 앞에 소개한 바와 같이 소품 상자에 보관, 복도에 비치하여 모두 함께 활용할 수 있도록 하였다.

3. 역할놀이 영역의 주제 선택

역할놀이 주제의 전개는 다양한 방법으로 이루어질 수 있다. 개별 또는 여러 유아들이 어떤 것에 흥미를 나타낼 때 주제를 시작하거나 유아들이 좋아하는 여러 주제 중에서 교육적인 것을 선택할 수 있다.

1) 유아가 스스로 놀이 주제를 선택하는 경우

① 유아가 스스로 선택하는 경우는 유아의 경험에 바탕이 되는 경우가 많다.

유아들은 자신의 경험이 미흡해서 놀이에서 더 경험하고 싶어하고 그러한 개별적인 경험들은 공유의 경험이 되면서 놀이를 확장하기도 한다. 유아가 주말에 결혼식에 갔다 온 이후 결혼식장 놀이가 자연스럽게 이루어지고 이러한 놀이를 하는 과정에서 유아들은 개별적 · 공통적 경험을 소개하고 서로 이야기 나누는 기회를 가졌다.

② 만 5세 유아의 경우 좀 더 광범위한 환경 설정과 역할놀이 주제를 다룰 수 있으므로 교사는 유아 스스로 무엇을 하고 놀지 혹은 무슨 소품이 필요한지 결정하고 다른 영역의 자료 혹은 소품 상자, 대체할 수 있는 대상물 등을 활용하여 역할놀이를 전개해 나가는 것을 격려하였다. 병원놀이의 경우 유아들이 의논하여 필요하다고 판단한 병원놀이 소품 상자, 극 놀이 틀, 쌓기 놀이 영역의 블록, 의자 등을 활용하여 놀이를 전개해 나가도록 하였다.

③ 유아가 주도하는 경우 때로는 그들의 역할에 대한 경험 부족으로 역할놀이가 제대로 전개되지 않을 수도 있었다. 교사는 유아들의 역할놀이를 계속 관찰하다가 자연스럽게 견학을 나가는 등 실제 경험을 유아들이 해보도록 도와줌으로써 놀이가 더욱 심화 발전할 수 있도록 도왔다. 미장원 놀이의 확장을 위해 유치원 인근의 미장원을 직접 방문하였다. 미용사들이 일하는 모습과 궁금한 점에 대해 물어본 후 미용실 놀이가 더 확장되고 남아들의

미용실 놀이 참여가 더 늘어나기도 하였다. 그리고 동물 돌보기 놀이의 확장을 위해 동물에 대한 관심이 많고 집에서 여러 동물을 키우는 학부모님을 모셔서 유아들과 함께 동물을 직접 만져보고 어떻게 동물을 돌보면 좋은지 등에 대해 이야기를 나누면서 동물 돌보기 놀이는 애견센터 놀이, 동물병원 놀이 등으로 확장되었다.

④ 유아들의 요구와 흥미에 따라 여러 주제의 역할놀이가 같은 시기에 한 교실에서 일어날 수 있다는 것을 허용하였다.

2) 교사가 환경구성을 통하여 놀이 주제 선택을 돕는 경우

① 교사는 유아들에게 역할놀이의 주제를 선택하고 놀이하는 데 주도권을 주는 한편, 유아들 스스로 새로운 주제를 생각해 낼 수 있도록 영감을 줄 다양한 소품을 제공하며 환경을 구성하려고 노력하였다. 연령이 어릴수록 가정생활에 연관된 놀이를 주로 하는 경향이 있으므로 만 3세의 경우 '가족'을 주제로 한 놀이를 활발하게 할 수 있도록 영역을 구성하고 소품을 마련해 주었다. 한편 만 5세의 경우에도 '가족'을 주제로 한 놀이에 관심을 많이 보이므로 흥미 영역을 구성하되 소품 혹은 영역 공간 배치를 달리하여 유아들의 흥미를 지속시키려고 노력하였다. 일상에서 보고 다루었던 친숙한 일상생활 도구를 많이 제공하였다. 또한 유아들의 흥미, 경험을 계기로 소품을 제공하고 환경설비를 해줌으로써 유아들의 경험과 연결된 역할놀이가 활성화되도록 하였다. 마트 견학 후 마트에서 직접 사 온 물건을 활용하거나(과자봉지, 우유갑 등), 관련 소품(영수증, 계산대 등)을 제공하기도 하였다.

② 교사는 생활 주제와 관련된 환경구성을 하려고 노력하였다. 생활 주제가 반영된 역할놀이가 일어날 수 있도록 유아들의 흥미를 고려하여 생활 주제와 통합된 역할놀이 영역을 구성하기도 하였다. 생활 주제 '우리나라'와 관련하여 고무신, 한복 등을 역할놀이 영역에 배치하였다.

4. 역할놀이 영역에서 교사의 역할

교사는 역할놀이 영역에서 놀이 전개 상황에 따라 적절하게 놀이에 개입할 수 있다. 놀이가 활발하게 일어날 때 관찰자로서의 역할만 수행하고 놀이가 지속될 수 있도록 소극적으로 지원할 수 있다. 유아가 필요할 때만 놀이 행동의 모범을 보이고 사용하지 않는 자료의 사용 방법을 알려주거나 도움을 요청할 때 도울 수 있다. 또한 놀이가 활발하게 일어나지 않는다면 보다 적극적으로 개입할 수 있다. 특정 역할을 맡아 의사소통의 모범을 보여주거나 직접 상상놀이의 참여자가 될 수 있다. 놀이가 확장되게 하기 위해 놀이를 제안할 수도 있다.

1) 관찰 및 평가

교사는 준비된 환경에서 놀이하는 유아들을 면밀하게 관찰하는 데 많은 시간과 노력을 할애해야 한다. 유아들의 놀이를 잘 관찰함으로써 효과적으로 지원할 수 있기 때문이다. 유아의 놀이를 관찰할 때는 좀 더 체계적인 방법으로 하는 것이 좋다. 집중적으로 관찰할 대상을 우선순위로 선정하여 순차적으로 관찰하였으며 관찰할 내용도 다음과 같이 정해 두었다.

〈표 Ⅱ-1〉 관찰 시 고려해야 할 내용

- 현재 진행되고 있는 놀이 주제는 무엇인가?
- 다른 것보다 더 많이 활용되는 놀잇감은 무엇인가?
- 놀이 집단은 어떻게 구성되는가?
- 구성원 간의 상호작용은 활발하게 일어나고 있는가?
- 놀이의 확장을 위해서 필요한 자료들은 어떤 것인가?
- 놀이의 사회적 · 인지적 수준은 어떠한가?
- 놀이에 참여하지 못하는 유아는 없는가?

또한 놀이가 진행되는 동안 유아들의 반응을 관찰하여 그 결과를 체계적으로 기록하고 평가하였다. 관찰 기록을 통해 놀이 계획에 따라 효과적으로 놀이에 잘 참여하고 있는지, 놀이과정에서 나타나는 어려운 점은 무엇인지 등을 평가하였다. 이처럼 유아들의 역할놀이는 직접 관찰에 의해서 기록되어질 수도 있지만 최근 들어 다양한 전자매체가 발달되면서 역할놀이 상황에 대해 비디오 촬영 및 녹음기를 통한 녹음을 통해 보다 상세하게 기록하기도 하였다. 평가의 결과는 유아들에게 보다 풍부한 놀이 환경을 마련해 주고 유아의 발달 수준에 적합한 놀이가 효과적으로 진행될 수 있도록 돕는 데 기초 자료로 활용하였다.

2) 상호작용

유아들의 놀이를 관찰한 후 교사는 놀이집단의 구성원으로 직접 참여하거나 필요할 때 제언을 하거나 직 · 간접적으로 개입하여 영유아의 놀이가 확장될 수 있도록 도와야 한다.

(1) 후원자

교사는 놀이에 열중하고 있는 영유아를 바라보며 미소를 지어주거나 신체적(예 어깨를 쓰다듬어 주기 등) 또는 언어적(예 "동물들을 잘 치료해 주시는 의사 선생님이시군요." 등)으로 격려해 줌으로써 유아의 놀이를 인정해 주는 후원자의 역할을 수행하였다.

(2) 병행놀이

어린 연령의 유아인 경우 유아가 놀이하는 곳 가까이에서 교사가 유아와 언어적 상호작용을 자제하며 유아와 비슷한 놀잇감을 가지고 역할놀이를 하였다. 이를 통해 유아들은 새로운 놀이 방법을 배울 수도 있었다.

(3) 놀이 개입

교사는 놀이과정에서 놀이집단의 구성원으로 직접 참여하거나, 필요한 경우에는 제언을 하는 등 간접적으로 개입하여 유아의 놀이가 확장될 수 있도록 도왔다.

① 간접 개입

교사가 적절한 질문을 하거나 의견을 제시하여 역할놀이가 원만히 이루어질 수 있도록 도왔다.

② 직접 개입

교사는 유아들의 역할놀이에 참여하여 역할을 맡아 유아와 함께 놀이를 하였다.

〈표 Ⅱ-2〉 교사 개입의 사례

간접 개입의 사례	직접 개입의 사례
교사 : 준호야, 여기가 과일가게인가 보구나. 손님이 많이 왔었니? 준호 : 아니요. 교사 : 그럼 과일가게라고 간판도 붙이고 어떤 것들을 파는지도 알리면 어떨까?	교사 : 과일을 사러 왔는데 어떤 과일을 파나요? 민서 : (과일 바구니를 보여주며) 사과, 바나나, 딸기, 키위가 있어요. 교사 : 사과를 사서 가게에서 먹을 수도 있나요? 민서 : 예, 제가 씻어서 잘라 드릴게요. 여기 앉으세요. 그리고 사과 주스로도 먹을 수 있어요. 교사 : 그럼, 시원한 사과 주스로 만들어 주세요.

교사는 유아의 놀이 상황에 들어가서 개입하는 것뿐 아니라 적절히 나오는 시점 또한 중요하다. 놀이 개입의 중요한 목적은 유아들이 자기 주도적으로 놀이하면서 또래 간의 상호작용이 활발히 진행되도록 하기 위함이므로, 교사는 이를 도와주어야 한다. 교사는 놀이 개입을 통해 놀이 상호작용을 격려하고 유아가 주도권을 가지고 놀이에 몰두하게 되면 방해받지 않고 놀이가 계속 진행될 수 있도록 아무런 말없이 점진적으로 놀이 상황에서 빠져 나와야 한다.

〈표 Ⅱ-3〉 상호작용 시 고려해야 할 점

① 유아의 개인적 특성에 따라 역할놀이에 잘 적응할 수 있도록 도와줄 수 있다. 사회성이 부족한 유아에게는 개인적인 도움을 제공하여 또래와의 놀이에 참여할 수 있는 계기를 마련할 수 있다. 내성적 유아를 위해 교사는 함께 초대받는 손님의 역할, 물건을 사러 가게에 함께 온 역할 등을 해줄 수 있다.

② 역할놀이에서 교사가 사용하는 언어와 태도는 유아에게 매우 중요한 모델링이 된다. 자연스럽게 예의바른 태도, 상황에 맞게 어휘를 선택하고 사용하는 방법 등을 학습할 수 있다.
(예 초대해 주셔서 감사합니다. 연필 두 자루와 책 한 권이 얼마예요?)

③ 역할놀이에서 양성 간의 편견을 없앨 수 있는 교사의 언어적 표현이 중요할 수 있다. 의사, 소방관 등 여러 역할을 남녀 유아 고루 경험하도록 배려하고 남아도 아기 돌보기, 요리하기와 같은 집안일을 담당하도록 하는 언어적 상호작용을 하도록 한다.

3) 감독 및 관리

교사는 유아들이 안전하고 지지적인 환경에서 자유롭고 편안하게 역할놀이를 진행할 수 있도록 다음과 같이 지도할 수 있다.

① 주도적인 역할만 독점하려는 유아를 위해 다른 사람의 입장을 이해하고 다른 역할에도 매력이 있음을 이해할 수 있는 기회를 제공하였다. 서로 의사를 하려고 할 때 간호사나 환자 역할의 장점을 알려주고 계속 역할 간 문제가 발생할 경우, 일정 시간 후에 역할을 바꾸도록 지시하기도 하였다.

② 놀이가 어지르기, 흩어놓기 등의 산만한 형태로 진행된다면 놀이를 잠시 중단시키고 정리하게 한 후 자료들을 바르게 사용하는 방법에 대해 이야기 나누었다. "집이 이렇게 지저분하니까 손님이 오고 싶지 않대. 우선 청소를 하자"라고 할 수 있다.

III. 실제 2 : 과학 · 음률 영역 충실하게 운영하기

자유선택활동 영역 중 교사와 유아 모두에게 다소 관심이 없거나 운영하기 어려운 영역을 꼽으라면 과학 영역과 음률 영역을 꼽을 것이다. 문희연(2002)은 유치원 일과 중 자유선택활동 시간에 유아들이 흥미 영역 중에서 어떤 영역을 선호하는지 알아보았는데, 그 결과, 유아들은 실내 자유선택활동 영역 중에서 조형 영역을 가장 선호하였으며 그 다음은 쌓기 놀이 영역, 역할놀이 영역, 컴퓨터 영역을 선호하였고 반면, 과학 영역을 가장 기피하였다고 하였다. 황혜현(1999)은 유치원 일과 중 자유선택활동 시간에 교사의 흥미 영역별 개입빈도를 보았는데, 교사의 개입빈도는 조형 영역, 쌓기 놀이 영역, 통로 및 출입구의 기타 영역, 언어 영역, 수 · 조작 놀이 영역, 역할놀이 영역, 컴퓨터 영역, 음률 영역, 과학 영역의 순으로 많이 나타났다고 하였다. 이경미(2009)는 자유선택활동 시간의 유아 활동을 자세히 살펴본 결과, 유아들은 쌓기 놀이 영역과 조형 영역, 역할놀이 영역에서 많은 시간을 보내는 반면 과학과 음률 영역에서는 거의 시간을 보내지 않았다고 하였다.

이처럼 과학 영역과 음률 영역은 교사 스스로가 어떻게 운영하고 개입해야 하는지 어려워하여 다른 영역에 비해 다소 부족한 빈도로 운영하고 있으나, 만약 교사가 해당 영역을 조금 더 관심 있게 살펴보고 구성해 주며 충실히 하려는 노력을 기울인다면 유아들의 참여가 많아지고 활성화될 수 있을 뿐만 아니라 교사로서의 역량도 증진될 것이라 생각한다. 좀 더 나아가 유아들이 과학과 음률을 좀 더 즐거운 놀이로 받아들이고 놀이 속에서 자연스럽게 과학개념과 음악개념도 익힐 수 있기를 바라며 본 유치원의 사례를 소개하고자 한다.

1. 과학 영역 충실하게 운영하기

1) 과학 영역 운영 현황

선행 연구에 나타나는 과학 영역의 운영 현황을 살펴보면 다음과 같다.

- 과학교육이 어려운 이유는 과학교육에 대한 교재교구의 부족, 과학교육에 대한 교사의 전문적인 지식부족 순으로 나타났다(강문정, 2006).
- 유아들이 과학 영역에 참여도가 낮은 이유를 묻는 데 대한 교사들의 응답은 자료나 경험 제공 방법의 부적합이 가장 큰 이유로 나타났고 그 다음으로는 교사 자신의 흥미 부족, 유아의 흥미 부족 순으로 나타났다(강문정, 2006). 이는 적절한 자료와 경험이 제공된다면 유아들은 과학 영역에 적극 참여할 준비가 되어 있음을 의미한다. 따라서 유아의 과학 영역의 흥미와 참여도를 높이기 위한 교사의 노력이 필요하다고 할 수 있다.
- 과학 영역을 운영할 때 교사들은 주로 상업화된 프로그램을 이용하고 있으며 교사가 생활 주제에 따라 과학교육의 내용을 선정하는 것으로 조사되었다(이숙희, 2001).

위에 나타난 내용을 요약해 보면 과학교육에 대한 교사의 지식과 흥미 부족, 관련 자료 부족 및 자료 제공 방법의 부적합으로 과학 영역 운영에 어려움을 느끼고 있음을 알 수 있다. 과학 영역을 보다 충실히 운영하기 위하여 과학교육의 내용과 방법에 대한 이해를 바탕으로 과학 영역에 내어줄 수 있는 자료와 제공 방법 등을 포함한 환경구성과 교사의 역할에 대한 고찰이 필요하다.

2) 과학 영역에서 다룰 수 있는 과학교육 내용과 방법

(1) 2007 개정 교육과정에 나타난 과학교육 내용 : 탐구생활 영역

유치원 교육과정에 나타난 과학교육과 관련된 내용은 탐구생활 영역에 제시되어 있다. 탐구생활 영역의 목표는 자연을 존중하고 창의적으로 탐구하며 논리적으로 문제를 해결하기 위한 기초 소양을 기르는 것으로, 이를 위해 사물과 자연 현상에 대해 호기심을 가지고 지속적으로 탐구하는 태도, 사물과 자연 현상에 대한 기초 지식을 이해하고 탐구하는 능력, 생활 주변의 문제를 논리 수학적으로 해결하기 위한 기초 능력을 기르도록 제시되어 있다.

2007 개정 교육과정에 나타난 탐구생활 영역에서 과학과 관련된 활동의 내용은 다음과 같다.

〈표 Ⅲ-1〉 탐구생활 영역의 내용

내용	하위 내용
탐구하는 태도 기르기	사물과 현상에 지속적인 관심 가지기
	탐구과정 즐기기
과학적 기초 능력 기르기	물체와 물질에 대해 알아보기
	생명체와 자연환경 소중하게 여기기
	자연 현상에 대해 알아보기
	간단한 도구와 기계 알아보기

(2) 유아 과학교육의 방법

과학교육 방법		교사 발문의 예 (이정환 · 김희진, 2007).
방법	관찰하기(사실에 대한 이해) : 관심을 가지게 된 사물, 연관된 사물을 보면서 관찰과 탐색을 통해 사물의 특성을 파악	• *○○한 것을 본 적이 있니? ○○에서 무엇을 발견했니?* • *만져보니 감촉이 어때? 냄새가 어때? 무슨 모양이니?*
	비교/분류하기 : 사물 간의 공통점과 차이점 알아보기, 일정한 기준에 맞추어 나누어 보기	• *여기 있는 물건들은 어떤 점에서 서로 비슷하니? 어떻게 서로 다르니?*
	자료 모으기 : 사실에 대한 이해를 토대로 가설을 세우고, 필요한 자료를 찾아보기	• *만일 우리가 ○○하려면 어떻게 해야 할까? 어떤 방법이 있을까?*
	예측하기/원인과 결과 알아보기 : 앞으로 일어날 일을 생각해 보기, 일반적으로 사용되는 방법은 실험임	• *만일 여기 다른 것을 넣으면 어떤 일이 일어날까?* • *너는 왜 그렇게 생각했니? 이렇게 된 이유가 무엇이라고 생각하니?*
표현 및 기록 : 그림, 실험차트, 그래프와 책 등 • 탐구 결과를 기록 전달하는 과정을 통해 개념과 관계된 지식 확장 • 다른 사람과 발견한 것 공유		

유아에게 적합한 실험 및 유의점

실험 활동의 예

- 맛보기
- 눈 감고 소리 알아맞히기
- 코를 막고 음식 먹어보기
- 부드러운 느낌, 거친 느낌
- 뜨거울까, 차가울까
- 머리카락의 힘
- 색소를 탄 물에 담근 꽃
- 물을 잘 흡수하는 것과 흡수하지 않는 것
- 자석에 붙는 것과 붙지 않는 것
- 빛을 통과하는 것과 통과하지 않는 것
- 물에 넣고 섞으면 어떻게 될까?
- 무지개 만들기 등

실험 시 유의점

- 실험은 간단한 몇몇의 순서로 이루어지는 것이 좋음
  - 복잡한 실험과정은 유아로 하여금 흥미를 잃게 할 수 있음
  - 몇 가지 간단한 실험으로 나누어 할 수 있음
- 실험 후 기록 시 준비되지 않은 수준의 유아에게 강요하지 않기
  - 유아의 수준에 맞게 그림 · 사진 · 글씨 등으로 기록, 기록지도 개별 · 전체를 위해 적절하게 준비
- 적절치 않은 실험 : 위험하거나 다루기 힘든 도구가 필요한 것, 이벤트성 실험, 잘못된 개념을 심어줄 수 있는 활동, 생명윤리에 어긋난 활동

3) 과학 영역 환경구성 및 교사의 역할

과학교육의 내용과 방법을 바탕으로 과학 영역을 충실히 운영할 수 있도록 하기 위한 환경구성 및 교사의 역할을 소개하고자 한다.

(1) 풍부한 과학 영역 구성하기

과학 영역 환경구성 시 주로 관찰 활동 위주로 구성하거나 일반적 도구, 식물을 전시하는 형식으로 그치는 경우가 많은데, 과학 영역에 제공할 수 있는 풍부한 자료를 유아의 흥미, 연령, 생활 주제, 시기 등을 고려하여 내어주는 것이 좋다. 이때, 반드시 연령을 구분하여 내어주기보다 연령이 높아질수록 서로 연계된 과학적 도구를 첨가하여 함께 제공함으로써 비교, 분류하도록 도와줄 수 있다.

전시하는 형식으로 그치지 않고 좀 더 풍부하게 운영하려면?

↓

과학 영역에 제시할 수 있는 자료를 유아의 흥미, 연령, 생활 주제, 시기 등을 고려하여 내어주기

↓

반드시 연령을 구분하기보다 연령이 높아질수록 서로 연계된 과학적 도구를 첨가하여 제공 → 분류, 비교할 수 있도록 허가

〈표 Ⅲ-2〉 과학 영역 자료의 예

과학 영역 자료	
일반적인 도구	• 연령이 낮은 유아 : 거울, 자석(막대자석, U자형 자석, 말굽자석), 돋보기, 만화경 • 연령이 높은 유아 : 자석(원반자석, 고리자석), 집게, 연장세트(드라이버, 망치, 톱 등), 컴퍼스, 돋보기 등
측정 도구	• 연령이 낮은 유아 : 모래시계, 양팔저울, 되, 말, 키 • 연령이 높은 유아 : 온도계, 막대자, 줄자, 플라스틱 비커, 플라스틱 눈금 실린더, 타이머, 플라스틱 저울, 측정용 컵과 스푼
요리 도구	도마, 믹서, 소형 가스렌지, 전기 프라이팬(뚜껑 있는 것), 뒤집개, 주걱, 그릇류, 요리 순서표
식물 관련	관엽식물(아이비, 스킨답서스 등), 1년초 식물(금잔화, 나팔꽃, 봉숭아, 메리골드, 피튜니아, 팬지 등), 구근 식물(고구마, 감자, 당근, 무, 양파), 씨앗류(채송화, 나팔꽃, 봉숭아, 메리골드, 강낭콩, 맨드라미, 조롱박 등), 곡식류(밀, 보리, 쌀, 벼, 옥수수, 조, 팥 등), 열매(밤, 대추, 땅콩, 도토리, 은행, 잣 등), 각종 식물 표본류, 여러 가지 나뭇잎, 화분으로 이용할 수 있는 폐품(우유갑, 아이스크림 통), 씨앗 담을 상자나 그릇
동물 관련	동물(오리, 토끼, 강아지, 고양이, 병아리, 금붕어, 열대어, 햄스터, 기니 피그, 개구리, 올챙이, 달팽이, 개미, 도롱뇽, 자라, 거북), 곤충(개미, 달팽이, 배추흰나비 애벌레, 개구리 등), 여러 종류의 알(메추리알, 계란, 오리알 등), 각종 동물 표본류, 뼈(물고기 뼈, 닭뼈 등), 여러 종류의 새털, 사육에 필요한 물품(어항, 사육장, 먹이 등), 관찰 기록 용지

과학 영역 자료	
실물	• 연령이 낮은 유아 : 시계(탁상시계, 괘종시계, 기계류(고장 난 라디오, 카메라 등), 너트와 볼트, 송곳, 열쇠와 자물쇠, 다양한 바퀴 • 연령이 높은 유아 : 현미경, 망원경, 카메라, 녹음기, 라디오, CD플레이어 등 과학 활동에 필요한 특수 도구
물리적 지식 활동에 필요한 도구	기어, 스위치, 도르래, 추, 지렛대, 손전등 등
기타	각종 표본이나 모형, 생활용품(천, 실과 바늘, 못, 고무 밴드, 스펀지, 빨대, 이쑤시개 등), 모래 종이, 거름종이, 식품 색소, 스톱워치, 색깔 있는 돌 등

출처 : 이정환 · 김희진 (2007).

사례 : 풍부한 과학 영역

(2) 놀이할 수 있는 공간으로서의 과학 영역

유아들이 과학 영역에 흥미를 갖고 오랜 시간 머물며 놀이할 수 있도록 하려면?

유아들이 직접 만지고, 활용해 볼 수 있는 자료 제공하기

과학 영역에 유아들이 흥미를 갖고 보다 오랜 시간 머물며 놀이할 수 있도록 유아들이 직접 만지고 활용해 볼 수 있는 자료를 제시하면 효과적이다.

사례 : 촉감놀이

사례 : 동물의 무늬와 발자국

(3) 생활 주제 중심의 자료에 과학적 도구 활용하기

생활 주제를 중심으로 과학 영역 구성 시 올 수 있는 한계를 보완할 수 있는 방법은?

연계하여 활용할 수 있는 여러 가지 과학적 도구를 쉬운 것에서부터 점차 어려운 것으로 제시하여 주기

일반적으로 생활 주제를 중심으로 하여 과학 영역을 구성할 때가 많은데, 생활 주제 중심의 자료만 제시하다 보면 자칫 유아의 발달 단계에 따라 습득해야 하는 과학적 개념을 놓칠 수 있으므로, 이를 보완할 수 있는 여러 가지 과학 도구를 내어줄 수 있다.

사례 : 과일 무게 · 둘레를 비교하고 재어보기

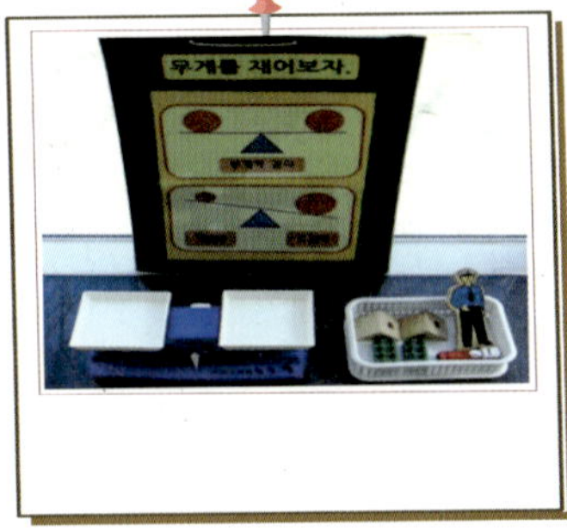

사례 : 곡식의 양 측정하기

(4) 유아의 실생활과 연결하기

유아들이 과학을 친숙하게 생각하게 하려면?

↓

과학이 실생활에 활용되고 있는 예를 연결지어 실물, 사진을 게시해 주기

과학적 자료를 내어줄 때는 해당 자료가 실생활에 활용되고 있는 예를 연결지어 알 수 있도록 관련된 실물이나 사진을 게시하여 줌으로써 유아에게 과학이

친숙하게 다가오도록 돕고 실제 생활에 활용됨을 느끼도록 한다.

사례 : 여러 가지 거울

사례 : 생활 속 도구의 숨은 과학원리

(5) 집단 활동과 연계하기

유아들이 집단 활동으로 과학 활동, 이야기 나누기, 노래 등을 하기 전 자유선택활동 시 관련 과학 자료를 제시해 주어 충분히 탐색할 기회 제공하기

↓

과학 영역의 자료를 잘 사용하지 못하는 경우 집단 활동 시간에 소개해 주는 시간 갖기

통합적인 활동 혹은 효과적인 집단 활동을 위해 과학 영역 활동을 준비할 수 있다. 또한 대집단 활동 시간에 과학 영역의 자료를 소개하고 활용 방법을 의논하고 생각해 보는 기회를 가짐으로써 과학 영역에의 참여를 높일 수 있다.

사례 : 모래시계는 어떻게 활용할까?

1분 모래시계와 3분 모래시계의 공통점과 차이점은?

(6) 유아와 함께 과학 영역 운영하기

유아들과 함께 과학 영역을 준비 · 구성하여 흥미를 지속시키기

↓

과학 영역에 유아들의 활동 결과물을 게시하여 경험 공유하기

유아와 함께 과학 영역을 준비 · 구성할 수도 있다. 동식물 기르기를 할 때 유아가 직접 물을 주거나 먹이주기, 청소하기, 마당에서 주워온 열매 놓아두기 등을 함께 하고 유아의 활동 결과물을 게시함으로써 유아의 참여를 유도할 수 있다.

사례 : 동식물 기르기

(7) 과학 영역 전시 변화하기

유아들이 매력적으로 느낄 수 있도록 자료 전시 시 배려하기

↓

자료를 보다 쉽게 활용할 수 있도록 돕기

유아들이 과학 영역에 대하여 매력적으로 느낄 수 있도록 자료를 전시하고 자료를 보다 쉽게 잘 활용할 수 있도록 세심하게 배려한다.

2. 음률 영역 충실하게 운영하기

1) 음률 영역 운영 현황

엄정애 · 송정 · 박미경(2009)은 유치원 현장의 음악교육과 실행에 대한 연구를 진행하였는데, 이를 통하여 음률 영역 운영 시 문제점과 어려움에 대해 살펴보면 다음과 같다.

- 교사들은 스스로 음악에 대한 전문적 지식이 부족하다고 인식하고 있으며 이로 인해 음악 활동을 부담스러워하거나 기피하고 있어 음악 특기 교사에게 맡기거나 음악 활동을 체계적으로 운영하지 못하는 경향이 있다.
- 생활 주제를 중심으로 음악교육을 계획하기는 하나 통합에 대한 개념이 모호하고 이해가 부족하여 손쉽게 활용이 가능한 음악 활동에만 관심을 갖거나, '노래 부르기' 위주의 가창 활동과 같은 편중된 음악 활동에만 치우치는 경향을 보인다.
- 음악 활동이 유아의 개별적이고 자발적인 음악 행동에 대해 효과적으로 반응하여 활동하기보다는 교사의 음악적 취향과 소양에 의해 주도되는 형식적이고 구조화된 집단 활동으로 주로 실시되고 있다.
- 음악교육의 지식에 해당하는 음악적 개념에 대한 이해의 부족으로 많은 교사들이 음악 활동을 다양하게 실시하지 못하고 있다.

위에 나타난 내용을 요약해 보면, 첫째, 음악교육에 대한 교사의 지식과 흥미가 부족하다. 둘째, 통합에 대한 지나친 강조로 음악 교과로서의 특성이 드러나지 않은 채 생활 주제 이해를 돕는 수단으로 활용되고 있다. 셋째, 음악 활동이 지도하기 쉬운 노래 부르기나 악기연주, 구조화된 집단 활동에 편중되는 경우가 많다. 이러한 현장의 어려움을 고려할 때, 음률 영역을 보다 충실히 운영하기 위하여 음악교육의 내용과 방법에 대한 실질적인 고찰이 필요하다.

2) 음악교육의 내용과 방법

(1) 2007 개정 교육과정에 나타난 음악교육 내용

유치원 교육과정에 나타난 음악교육과 관련된 내용은 표현생활 영역에 제시되어 있다. 표현생활 영역의 목표는 우리가 자연과 사물을 대하면서 느낄 수 있는 예술적 감각을 창의적으로 표현하고 또한 심미적 태도를 가지고 예술 감상을 즐길 수 있도록 하기 위한 기초 소양을 기르는 데에 있다.

2007 개정 교육과정에 나타난 표현생활 영역에서 과학과 관련된 내용은 다음과 같다.

〈표 Ⅲ-4〉 표현생활 영역의 내용

내용	하위 내용
자연과 생활에서 아름다움 찾아보기	소리 · 움직임 · 조형물에 관심 가지기
	예술적 요소 찾아보기
예술적 표현 즐기기	음악으로 표현하기
	움직임과 춤으로 표현하기
	조형 활동으로 표현하기
	극 놀이로 표현하기
감상하기	아름다움 느끼기
	예술적 표현 존중하기
	우리 전통 예술 감상하기

(2) 유아 음악교육의 방법

음악교육 방법
다양한 음악 활동 유형과 그에 따른 음악교수법의 적용 : 다양한 음악교수법을 적용하여 노래 부르기, 악기 연주하기, 듣고 몸으로 표현하기, 음악 만들기 등의 다양한 경험 제공
활동 속에 녹아 있는 음악적 개념 익히도록 하기 : 활동 속에서 음색, 음높이, 멜로디, 리듬, 박자, 빠르기, 셈여림 등을 익힐 수 있도록 지도
발달에 적합한 실제에 대한 반영 : 연령 적합성, 개인적 적합성, 맥락적 적합성

유아들의 심미적 잠재력을 개발시키기 위해서 음악적 개념과 다양한 음악 활동 유형에 따른 교수법을 통합하여 제공할 필요가 있다. 이로써, 질 높은 다양한 음악적 경험을 발달적으로 적합하게 제공할 수 있게 된다.

3) 음률 영역 환경구성 및 교사의 역할

음악교육 내용과 방법을 바탕으로 음률 영역을 충실히 운영할 수 있도록 하기 위한 환경구성 및 교사의 역할을 소개하면 다음과 같다.

(1) 풍부한 음률 영역 구성하기

다양한 음악 활동을 경험하게 하려면?

↓

음률 영역에 제시할 수 있는 감상 자료, 노래 부르기 자료, 악기연주 자료, 동작 활동 자료 등 다양하게 제공하기

↓

반드시 생활 주제에 따라 악기의 모양만 달리하기보다 시기에 적절하게 다양한 경험을 할 수 있도록 영역 구성하기

음률 영역에는 유아가 다양한 음악 활동을 할 수 있도록 다양한 자료를 구비해야 한다. 생활 주제에 따라 악기의 모양만 달리하기보다 시기 적절하게 다양한 경험을 할 수 있도록 음률 영역의 자료를 제공하도록 한다.

〈표 Ⅲ-5〉 음률 영역 자료의 예

음률 영역 자료			
구분	3세	4세	5세
감상 자료	• 주변에서 들을 수 있는 다양한 소리녹음 자료 • 동요나 짧은 클래식 소품의 감상 자료 • 다양한 장르의 음악이 녹음된 카세트테이프, CD • 녹음기, CD플레이어 • 헤드폰, 비디오 자료	• 조작이 매우 간단한 녹음기	
노래 부르기 자료	• 동요가 녹음된 테이프	• 간단한 노래 악보, 노랫말(그림) 판 • 노래책	
악기연주 자료	• 딸랑이, 방울 악기 등 • 리듬 막대, 톤 블록, 우드블록, 막대 탬버린, 마라카스, 귀로 • 발로 치는 피아노 • 우쿨렐레, 기타, 만돌린 등의 현악기 • 탬버린, 캐스터네츠, 트라이앵글, 핸드 벨, 손가락 심벌즈 등의 리듬 악기 등 • 실로폰, 스텝 벨, 목금, 철금, 피아노, 키보드 등의 멜로디 악기		
동작 활동 자료	• 리본 막대, 스카프, 패러슈트 등		
기타	• 우리나라 전통 악기 : 소고, 장구, 작은 장구, 징, 꽹과리, 북 등 • 다른 나라의 전통 악기 • 음악 관련 그림 및 사진 자료 : 악기 사진, 연주하는 모습, 음악회 포스터, 오케스트라 사진 등		

출처 : 이정환 · 김희진(2007).

(2) 음악적 개념의 통합

음률 영역에서 놀이하면서 음악적 개념을 익히려면?

↓

빠르기, 셈여림, 리듬, 멜로디를 익힐 수 있는 관련 자료 제시하기 음률 영역에서 유아들이 음악 활동을 하면서 음색, 음높이, 멜로디, 화성, 리듬, 박자, 빠르기, 셈여림과 같은 음악적 개념을 자연스럽게 익힐 수 있도록 고려하여 환경을 구성하고 상호작용하도록 노력한다.

사례 : 세고 여리게, 메트로놈 연주

사례 : 리듬 패턴 만들어 연주하기, 색깔 악보 보며 치기

(3) 개별적인 욕구 충족하기

집단 활동으로 음악 활동을 한 경우 개인마다 배우거나 학습하는 속도가 다를 수 있으므로 관련 자료를 음률 영역에 제시해 주어 개별 유아의 욕구를 충족하고 발달을 도울 수 있도록 한다.

집단 활동으로 음악 활동을 한 경우, 개인적으로 배우거나 학습하여 속도가 다를 수 있음

↓

관련 자료를 음률 영역에 제시해 주어 개별적으로 충분히 해볼 수 있도록 돕기

사례 : 집단으로 음악 감상을 하거나 새노래 부르기 후 활동 자료 제공하기

(4) 다양한 동작 활동 자료 제시하기

음률 영역의 의미는 음악을 감상하고 노래를 부르며 여러 가지 악기를 다루어보거나 음악에 맞추어 동작으로 표현하기를 경험하는 영역

↓

스카프나 리듬 막대 등을 제공하여 소집단의 유아가 자유롭게 동작으로 표현하는 활동을 할 수 있도록 소품 제공

↓

생활 주제와 관련된 율동 테이프나 집단으로 배운 율동 테이프를 제공하여 자유롭게 동작으로 표현할 수 있도록 지도

음률 영역에 다양한 악기, 노랫말 자료 등을 내어주는 경우는 많으나 동작 활동을 할 수 있는 소품을 함께 내어주는 경우는 드물다. 만약 자리가 비좁아 내어

주지 못한다면 같은 악기를 오랫동안 내어주기보다 동작 활동 자료로 교체하여 내어주거나 역할놀이 영역과 통합하여 활동하도록 도울 수 있다.

사례 : 리본, 스카프, 고무 밴드로 활동하기

(5) 악기 다루기 지도하기

학기 초 악기를 처음 내줄 때 한 가지씩 소개하여 악기의 사용법을 알게 한 후 내어주는 방법

↓

다양하게 악기를 탐색해 본 후 평가하는 방식으로 악기를 올바르게 사용할 수 있도록 지도

↓

노래의 특징을 고려하여 어울리는 소리가 나는 악기를 연주할 수 있도록 악기연주 그림 자료 제공하기

학기 초 악기를 처음 내줄 때는 한 가지씩 소개하여 악기의 이름과 사용법을 잘 알게 한 후 음률 영역에 내어준다. 악기마다 바르게 연주하는 방법이 다르므로 교사는 연주방법을 숙지하여 유아가 악기를 올바른 방법으로 연주하도록 돕는다. 노래의 특징을 고려하여 어울리는 소리가 나는 악기를 연주할 수 있도록 악보를 만들어 내어줄 수 있다.

사례 : 악기연주 그림 자료

(6) 음률 영역을 매력적으로 꾸미기

음률 영역의 교구장이나 악기 전시 방법을 달리하여 관심과 참여 높이기

↓

벽면에 악기의 그림과 사진, 음악가 사진, 오선지, 노랫말 판 등을 게시하여 흥미를 느끼도록 하기

음률 영역의 교구장이나 악기 전시 방법을 달리할 경우 유아들의 음률 영역에 대한 관심과 참여를 높일 수 있다. 또한 벽면에 악기의 그림과 사진, 음악가의 사진, 오선지, 노랫말 판 등을 함께 게시해 주어, 유아들이 음률 활동에 흥미를 느끼도록 할 수 있다.

사례 : 매력적으로 꾸민 음률 영역

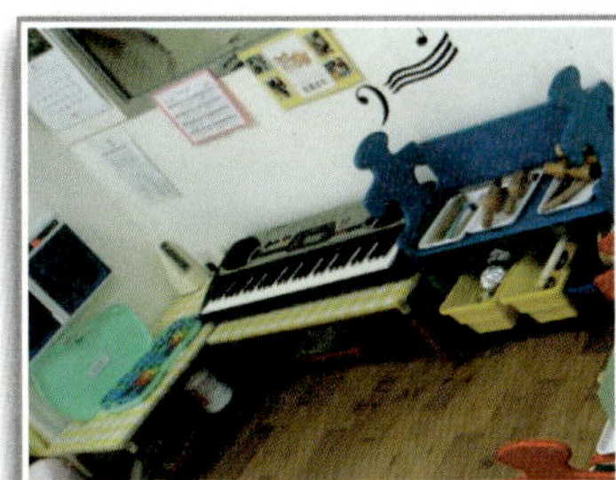

(7) 유아와 함께 음률 영역 운영하기

유아가 만든 악기를 함께 전시하여 함께 연주할 수 있도록 하기

악기연주, 동작 활동하는 모습을 찍어 벽면에 게시

유아가 만든 악기를 함께 전시하여 연주할 수 있도록 하거나, 유아가 동작 활동하는 모습을 사진으로 찍어 벽면에 게시하여 주면 유아들이 더욱 흥미를 갖고 음률 영역에 참여하게 되어 역동적인 운영이 가능해진다.

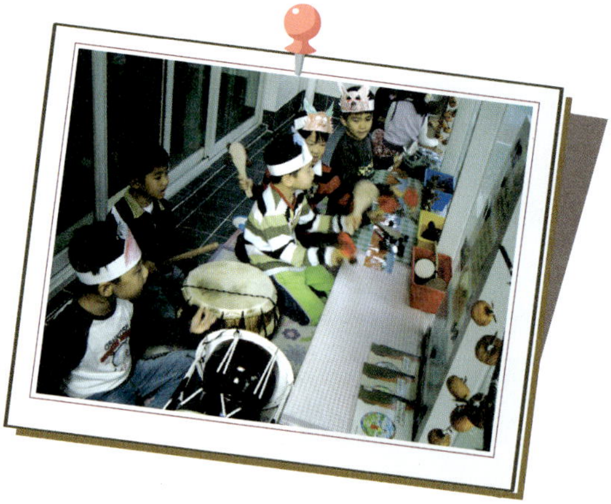

참고문헌

강문정(2006). 유아교육기관의 과학교육에 대한 교사의 인식과 실태 연구. 한성대학교 교육대학원 석사학위 논문.

교육과학기술부(2009). 유치원 교육과정 해설 III. 교육과학기술부.

______(2009). 유치원 지도서 1 총론. 교육과학기술부.

김수영 · 김수임 · 김현아 · 정정희(2007). 놀이지도. 경기도: 양서원.

김수정(2002). 유치원 자유선택활동 시 교사의 역할 및 갈등요인에 관한 문화기술적 연구. 이화여자대학교 대학원 석사학위논문.

김진영 · 엄정애 · 이승연(2007). 유아교사를 위한 유아음악교육. 경기도: 양서원.

나은숙(2005). 유아에게 자유선택활동이 지니는 의미. 덕성여자대학교 대학원 박사학위논문.

박란규(2005). 연령별 생활 주제별 흥미 영역별 교구의 실태 및 질적 수준에 관한 연구. 배재대학교 대학원 석사학위 논문.

박찬옥 · 정남미(1996). 유아의 사회적 역할놀이에 대한 교사들의 인식. 중앙대학교 한국교육문제 연구소 논문집, 11, 193-203.

박혜진(2008). 유치원 실내 자유선택활동 시간에 이루어지는 역할놀이 운영 실태와 교사의 인식. 이화여자대학교 대학원 석사학위논문.

박화윤 · 최재숙 · 마지순(2002). 사회극 놀이에서 상위의사소통 출현의 맥락적 상황과 그 의미. 유아교육연구, 22(2), 217-245.

양옥승(2002). 유아교육과정의 재개념화: 포스터모더니즘적 관점에서 유치원의 자유놀이에 대한 이해. 유아교육연구, 20(1), 55-73.

______(2004). 자유선택활동에서 유아의 선택의 의미. 유아교육연구, 23(3), 131-152.

엄정애(2009). 영유아 놀이와 교육. 경기도: 교문사.

엄정애 · 송정 · 박미경(2009). 교사를 통해 본 유치원 현장의 음악교육과 실행의 어려움. 유아교육연구, 29(1). 133-158.

오양자(2010). 유아 과학교육에 관한 교사의 인식 및 운영 실태. 광주대학교 산업대학원 석사학위 논문.

이경미(2007a). 자유선택활동. 서울 유치원 1급 정교사 자격연수자료.

______(2007b). 자유선택활동과 환경구성. 서울 유치원 원감 자격 연수자료.

이경미(2008). 유아교육기관에서 유아가 경험하는 하루 일과에 대한 연구. 이화여자대학교 일반대학원 박사학위 논문.

이기숙(2000). 유아교육과정(개정2판). 서울: 교문사.

이기숙 · 이경미 · 김순환(1998). 효과적인 극놀이 운영에 관한 사례 연구. 교과교육학연구, 2(2), 21-50.

이숙재(2004). 제3판 유아를 위한 놀이의 이론과 실제. 서울: 창지사.

이영자 · 이기숙 · 이정욱(1999). 유아 교수 · 학습 방법. 서울: 교문사.

이정환 · 김희진(2007). 영유아교육의 교수학습방법. 서울: 파란마음.

장은주(2009). 유아 음악교육. 경기도: 양서원.

조경자 · 신혜진(2010). 인성 및 사회성과 놀이. 2010 한국육아지원학회 추계학술대회 자료집. 놀이와 학습: 미래를 위한 반성과 도전, 87-98.

지성애 · 정현주 · 이영선 · 박유영(2007). 유치원과 초등학교에서 역할놀이 현장 비교. 유아교육연구, 27(1), 405-430.

홍순옥(1994). 유아의 사회극적 놀이에 대한 유치원 교사들의 인식. 경성대학교 논문집, 15, 67-84.

홍순옥 · 허명순(2007). 유아교육기관의 특별활동에 대한 사회계층별 부모 인식. 열린유아교육연구, 12(6). 215-236.

황혜현(2000). 유치원 자유선택활동 시간에 교사의 흥미 영역별 개입 빈도 및 유형. 이화여자대학교 교육대학원 석사학위 논문.

Johnson, J., Christie, J., & Wardle, F.(2005). *Play, Development, and Early Education*. Boston, MA: Allyn and Bacon.

Spodek, B.(1991). *Early childhood curriculum and cultural definition of knowledge*. In B. Spodek and O. Saracho(Eds), Issues in early childhood curriculum: Year book in early childhood(Vol.2). New York: Teachers College Press.

저자 소개

이경미 : 아이코리아부속 새세대유치원 원장
이화여자대학교 유아교육과 겸임교수

박미경 : 대경대학교 유아교육학과 교수
전 아이코리아부속 새세대유치원 교사

함혜정 : 아이코리아부속 새세대유치원 원감

어린이교육의 기본 바로 알기 시리즈 2

자유선택활동 바로 알기

초판 1쇄 발행 2011년 10월 28일
초판 2쇄 발행 2014년 8월 20일

지은이 | 이경미 · 박미경 · 함혜정
펴낸이 | 김기섭
편집인 | 박연순
펴낸곳 | 창지사 www.changjisa.com
153-802 서울시 금천구 가산디지털 1로 83 파트너스타워1차 (9F, B1F)
전화 (02) 719-2211~3
팩스 (02) 701-9386
등 록 | 1977년 4월 28일 · 제1-421호

ISBN 978-89-426-0643-6 (93370)

값 6,000원